LES CHEMINS DE FER FRANÇAIS

DEVANT LEURS JUGES NATURELS

TRAITÉ

de la Jurisprudence des Chemins de Fer, mis à la portée
des Gens du Monde & des Dames

PAR M. JULES LAN

AVOCAT

Anciennement avoué à la Cour impériale, agréé au Tribunal de commerce et
du chemin de fer d'Orléans, des Messageries impériales, etc.
Ex-secrétaire par *interim* du Comité de direction des chemins de fer
de l'Est, chevalier de plusieurs ordres.

PARIS

LIBRAIRIE INTERNATIONALE

15, BOULEVARD MONTMARTRE

A. LACROIX, VERBOECKHOVEN & Cᵉ ÉDITEURS

A Bruxelles, à Leipzig et à Livourne

1867

LES CHEMINS DE FER

FRANÇAIS

DEVANT LEURS JUGES NATURELS

Paris. — Imprimerie L. POUPART-DAVYL, rue du Bac, 30.

LES
CHEMINS DE FER

FRANÇAIS

DEVANT LEURS JUGES NATURELS

TRAITÉ

de la Jurisprudence des Chemins de Fer, mis à la portée
des Gens du Monde & des Dames

PAR M. JULES LAN

AVOCAT

Anciennement avoué à la Cour impériale, agréé au Tribunal de commerce et
du chemin de fer d'Orléans, des Messageries impériales, etc.
Ex-secrétaire par *interim* du Comité de direction des chemins de fer
de l'Est, chevalier de plusieurs ordres

PARIS

LIBRAIRIE INTERNATIONALE

15, BOULEVARD MONTMARTRE

A. LACROIX, VERBOECKHOVEN & Cᵉ, ÉDITEURS

A Bruxelles, à Leipzig et à Livourne

1867

INTRODUCTION

AVIS AUX DAMES.

« Madame Émile de Girardin avait une excellente habitude : *elle lisait tout! elle entendait tout!*... Le matin même elle avait entendu le discours de *M. Thiers*, la leçon de *M. Villemain*, le sermon de l'abbé *Lacordaire*; elle était au Collége de France, à la Sorbonne, à Notre-Dame, à la Chambre des députés; elle était au Palais de Justice, assistant aux luttes de *Berryer*; au Luxembourg, quand parlait *M. de Chateaubriand*... » (M. JULES JANIN, *Préface de la Flore latine des Dames et Gens du monde.*)

I

HISTOIRE D'UNE BROCHURE, POUR SERVIR DE PRÉFACE A UN LIVRE.

En 1857, *M. Adolphe Bossange*, secrétaire général des chemins de fer de l'Est, étant déjà atteint d'une maladie mortelle, je fus admis, dans son cabinet, pour faire son *intérimat*; mes fonctions consistaient notamment : à lire des rapports au comité, siégeant chaque jour (moins le dimanche), et à tenir la plume pour prendre des notes sur lesquelles l'honorable *M. Gireaud*, alors chef des bureaux du secrétariat, dressait le procès-verbal des séances *du Comité directeur.*

Ceci dura environ deux années. En 1859, *M. Bossange* paraissant un peu mieux, je donnai ma démission, ayant toujours eu en horreur *les sinécures !* Seulement, pour complaire à deux ou trois de MM. les administrateurs, je consentis à aider, pendant six mois, le chef du contentieux, à rétablir un service en souffrance : *celui des saisies-arrêts, ou oppositions frappant sur les employés* (1).

Pendant ces deux années de *stage, au comité secret,* je puis dire que « *j'en ai entendu de belles !... »*

Non pas, *chers lecteurs* (il est toujours convenu d'avance que nos lecteurs sont nos amis), que je sois capable de trahir la confiance due à une position professionnelle, *même éphémère.*

Cela serait plus qu'une indiscrétion, cela serait *indigne de mon caractère et de mes antécédents d'officier ministériel.*

En effet, tout ce qui a eu rapport au comité, aux

---

(1) On croira peut-être que j'exagère, quand je dirai que sur 10,000 employés, commissionnés, et 7,000 gens de services à gages, il y avait 1,700 oppositions permanentes ! soit 10 pour 100 !!!

affaires intérieures, aux détails intimes, aux choses personnelles ou de famille administrative, *a dû m'entrer par une oreille pour sortir par l'autre oreille !* Tel est le devoir sacré du secrétaire d'une commission. Je ne sache pas, d'ailleurs, *que depuis le conseil des Dix, à Venise* (au chemin de l'Est c'est le conseil des Sept), *aucun scribe ait jamais vendu ses patrons !* La république de Saint-Marc eût fait jeter l'indiscret dans le Grand-Canal, muni d'un petit poignard enfoncé dans sa gorge ! A Paris, ce serait le mépris ou le dégoût qui tiendrait lieu de cette justice sommaire vénitienne, et ce serait à bon droit ! je le proclame tout haut. Mais ici, de quoi s'agit-il ? D'examiner de graves questions *à l'ordre du jour*, d'apprécier, comme modeste jurisconsulte, des systèmes controversés ; d'étudier avec le public, très-anxieux, le mécanisme d'un genre de locomotion dû au dix-neuvième siècle, *admirable découverte, sans nul doute, mais qui est* TERRIBLE DANS SES DÉRAILLEMENTS, puisque l'expression a été adoptée dans notre langue.

Ce qu'il faut encore, après de récentes et publiques calamités, c'est de signaler au législateur des *lacunes existant* dans le code de la répression en matière de chemins de fer. Depuis trop longtemps déjà la sollicitude éclairée du Gouvernement français s'appesantit sur les dangers, les abus, les inconvénients multiples de cette innovation (non pas toujours heureuse, il faut bien le dire la tristesse dans l'âme). *Ce que veulent l'Empereur et ses ministres, ce qui excite les aspirations du Corps législatif,* c'est de coordonner un corps de lois et de règlements administratifs, *pour pondérer le bien et le mal* de ces transports à grande vitesse, si dangereux dans leurs écarts !

Est-ce que pour cela mon ancienne qualité de défenseur ou de conseil, et même d'employé *intérimaire*, de deux des grandes compagnies, est un obstacle au travail que j'entreprends, *sans la moindre arrière-pensée de parti pris*, c'est-à-dire pour venir autant en aide aux administrations privées qu'à la chose publique?

Où serait l'inconvenance pour moi *qui ai plaidé dans dix mille procès ou litiges pour le chemin de fer d'Orléans, ou dans quatre ou cinq mille affaires du même genre pour les Messageries impériales* (DU TEMPS DES DILIGENCES), pour le roulage, etc., devant la juridiction consulaire, DE COMPARER LES DEUX MODES DE VÉHICULES, de dire ma pensée franche, entière, dégagée de toute impression de partialité, *sur les dangers de la vapeur et de l'isolement en waggon*, en jetant un coup d'œil rétrospectif sur *l'ancienne locomotion au moyen des chevaux* et les conditions de l'intérieur des voitures publiques à cette époque de nos voyages? Vous aurez beau dire, messieurs les ingénieurs, administrateurs, inspecteurs, etc., ma mère était moins inquiète quand elle m'envoyait en vacances dans un coupé de voiture, que lorsque je partais par la voie d'un chemin de fer. Aujourd'hui, devenu chef d'une famille, celle-ci bénit le Ciel, quand je reviens *sain et sauf* de la moindre excursion. Et tout le monde en est là, quand chaque matin votre journal vient vous apprendre des épouvantables malheurs qui font frémir l'humanité. Ce qu'on m'accordera au moins, ce sont quelques traditions professionnelles, quelques connaissances techniques et pratiques sur une jurisprudence qui tend à se former depuis vingt-cinq ans. Remarquez bien que notre Code de commerce qui traite *des transports par eau, des commissionnaires ou voituriers* n'a pu (il y a 60 ans), en 1807, date de sa promulgation, prévoir une invention qui bouleverserait toute l'économie de cette loi et amènerait une législation toute spéciale.

Donc, je m'avance, dans la lice ouverte, prêt à combattre en preux et loyal champion, pour défendre le faible et l'opprimé contre le fort ! (Ne riez pas : c'est trop sérieux.)

Voyez, néanmoins, comme on peut se tromper sur les meilleures intentions du monde, et *comment, avant de prendre la plume, il faut la retourner sept fois dans ses doigts*, (dirait un sage de la Grèce moderne !)

Recueillant dans ma mémoire, parfois heureuse (si j'en crois quelques vieux amis indulgents), tout ce que j'avais entendu ou lu au comité de l'Est, de réclamations tantôt bonnes, tantôt mauvaises, tantôt du plus haut intérêt, tantôt absurdes ou détestables, de ce bon public voyageur dans le mouvement perpétuel de waggons de toutes classes, j'en ai *extrait* ce que j'ai cru utile, comme l'abeille extrait le miel de la cire, qu'elle laisse fondre et se durcir ensuite au fond d'un vase mis au feu ! Et encore, mon ami, *M. Clairville,* qui n'en manque pas un, dirait que la cire transformée en bougie PRODUIT AUSSI LA LUMIÈRE ! FIAT LUX !

Mais revenons à mon histoire. Je publiai donc, *sous le voile du pseudonyme (en 1862), chez M. Amyot,* un petit livre de 141 pages, *in-18,* sous ce titre peu tapageur : INCONVÉNIENTS DES VOYAGES SUR LES CHEMINS DE FER, *par un ex-chef de train. — Paris, chez tous les libraires. —* EXCEPTÉ DANS LES BIBLIOTHÈQUES DE CHEMINS DE FER (1) !

---

(1) Pour qu'on ne m'accuse pas de réclame tardive, je dirai que M. Amyot, mon éditeur, n'a plus un seul exemplaire en magasin, et que j'ai refusé de laisser tirer une seconde édition. (AVIS.)

Je dois le dire tout de suite, cet opuscule me fut suggéré par deux hommes estimables : *feu M. Napoléon Chaix*, imprimeur des chemins de fer (plaidant alors contre *l'honorable maison Hachette* la question *du monopole des bibliothèques*, qui intéressait toute la librairie et l'imprimerie françaises), *et M. Charpentier*, libraire-éditeur, auteur d'une brochure *ad hoc* que j'avais lue avec plaisir, comme tout le monde.

Je consultai également *MM. Michel Lévy frères*, *M. Amyot*, éditeurs bien compétents. Tous me prédirent, non pas seulement le succès, mais la convenance actuelle du livre, qui ne ferait que ce que fait IL SIGNOR PULCINELLA, à savoir : *Dire la petite vérité en riant !*

Or, dans cette brochure, il fallut bien toucher à une question épineuse. J'avais vu tous les journalistes, dans leurs rapports quotidiens avec le secrétariat général, dont je relevais, de 1857 à 1859, et j'avais, d'une main délicate mais non tremblante, traité des permis ou passes (*billets de faveur*) largement distribués à l'armée militante de la presse, qui est nombreuse à Paris, on le sait.

Voici le passage où, sans blâme ni encouragement, ne faisant que raconter, je tâchais d'exprimer mon opinion sur *cette brûlante question* dont on a fait un peu trop de bruit :

« Les morts vont vite ! dit la ballade allemande, oui, surtout à toute vapeur, grande vitesse !... On a souvent raconté comme quoi les habitants voisins d'un chemin vicinal à réparer *depuis vingt ans* n'obtinrent une allocation de fonds du conseil départemental qu'en aidant eux-mêmes à verser la voiture de M. le préfet (1).

« Il a fallu aussi l'épouvantable assassinat d'un magistrat, d'un président à la cour de Paris (*M. Poinsot*), pour que l'autorité, d'ailleurs vigilante, jetât enfin les yeux sur les dangers qu'offre ce système vicieux de nos *railways* depuis un quart de siècle qu'on l'exploite.

« Cependant *la publicité des journaux* (souvent si utile dans les questions touchant les améliorations) *a presque gardé le silence sur les mesures à prendre, afin de parer à de cruels événements et empêcher le renouvellement des atrocités de M. Jud* !...

« Pourquoi donc cette réticence ?

« Je vais vous le dire avec franchise et indépendance, *au risque de faire éreinter mon livre par une partie de la presse parisienne*, etc. »

Le gaz a eu longtemps ses détracteurs ! comme

____

(1) Le fait est historique, et on le racontait déjà à l'Opéra-Comique, dans la pièce des *Voitures versées*, que j'étais à peine né.

la vaccine... comme les machines... comme tout ce qui est un bienfait des temps modernes.

La peur invente des arguments pour combattre les inventions les plus utiles; même celles qui ont un brevet *s. g. d. g.*

Or les chemins de fer devaient payer leur dette à ces paniques populaires, si vivaces dans notre pays intelligent.

Le funeste événement du 8 mai 1842, sur le chemin de la Rive Gauche, l'horrible catastrophe de Fampoux, sur la ligne du Nord, etc., avaient jeté l'effroi dans tous les cœurs et engendré ces exagérations fréquentes, ces récits mensongers et absurdes qui troublent le repos des familles, paralysent l'industrie et empêchent souvent le développement des essais, même les plus heureux dans leurs débuts.

La presse périodique avait pressenti l'inconvénient d'une publicité qui peut étendre le mal, comme une tache d'huile s'étend sur l'étoffe et ne s'efface plus. Elle a été *modérée :* elle a bien fait !

Ainsi, désormais, si un accident arrive sur un chemin de fer, les journaux attendent du secrétariat de l'administration un *compte rendu* de l'événement, et c'est à l'action de la justice à compléter, par une instruction lente et sage, ce qui manque à ces premiers détails, dictés, il est vrai, par la partie intéressée, mais exacts quant aux causes, s'ils ne le sont pas toujours sur leurs tristes conséquences.

Alors, je racontais, ce qui est vrai, « comment les administrations des chemins de fer envoyaient directement ces nouvelles funestes aux journaux, qui les enregistraient littéralement sans commentaires, et j'ajoutais :

« Mais si les journaux s'étaient bornés à une si prudente retenue, à une discrétion si louable, qui oserait s'en plaindre ?

« Un pamphlétaire dirait : *On a acheté leur silence !*

« Allons donc !

« Ce serait une calomnie gratuite envers des écrivains la plupart estimables, et au nombre desquels je compte plusieurs amis intimes.

« Moi, je préfère dire : « Le journaliste n'est souvent qu'un enfant et, qui plus est, *c'est un enfant gâté.* »

Ici, je donnais quelques anecdotes véridiques démontrant que « *l'enfant gâté reçoit des joujoux ou des friandises pour qu'il ne crie pas trop dans la maison paternelle.* » Hélas ! qui de nous n'a passé par-là, n'étant encore, au logis, *qu'un terrible bébé !*

Certes, dans tout cela, *il n'y avait pas de quoi fouetter un chat.* Mais *l'éreintement* prévu est bientôt venu m'apprendre à me mêler d'autre chose que de ce qui ne me regarde pas.

Les journaux politiques, ceux *du grand format*, se turent sur mon opuscule, qui ne méritait certes pas l'honneur d'une discussion sérieuse de la grande presse, vu la frivolité de cette petite brochure.

Cela s'expliquait d'autant mieux, qu'à cette époque (1862) *le Constitutionnel* et *le Siècle* venaient de donner à leurs abonnés une série d'articles de fond sur la question des chemins de fer. Ces articles étaient du genre sérieux, et mon livre était du genre comique!

La petite presse, au contraire, en rendit compte : c'était plutôt son lot. Des éloges trop flatteurs me furent prodigués, et j'en rougissais, même sous le voile de l'anonyme, comme un domino rougit sous le masque.

Le Charivari, entre autres, par la plume autorisée de **M. Henri de Rochefort**, osa (voyez où va parfois le lyrisme) « *me recommander au ministre des travaux publics pour la place (à créer) d'inspecteur général de tous les chemins de fer de France et de Navarre !* »

Je suis forcé d'avouer à **M. Henri de Rochefort** que c'est un emploi que je n'ai jamais sollicité. Une seule feuille périodique (j'ai regret de l'avouer), *le Figaro*, d'habitude spirituel et de meilleur goût, me consacra trois grandes colonnes : c'était *une vraie diatribe*, pleine d'inexactitudes et de personnalités. J'avais bien pu croire *qu'on éreinterait le livre !* Mais *éreinter l'auteur anonyme !* c'était peu généreux pour moi.

Toutefois, j'appris de source certaine que le promoteur de cet article, *plus objurgatoire que méchant*, n'était, après tout, qu'un obscur employé de mon ancien service au chemin de fer de l'Est, lequel, puni sur un rapport fait par moi, *s'était vengé en envoyant des notes secrètes au journal*. Ainsi, la boîte du *Figaro* était devenue, à mon endroit, *la gueule du lion de Saint-Marc !*

Dans cet aimable article, qui sent bien *son terroir*, on m'accusait de me rédimer de n'être jamais parvenu à *l'avancement espéré ! !* Notez que j'avais donné ma démission de secrétaire *par interim* six mois avant la mort de *M. Ad. Bossange*, titulaire de l'emploi.

« *Voilà pourtant comme on écrit l'histoire !* »

Disons-le immédiatement : de Madrid (Espagne), où je lus cette diatribe virulente, j'adressai une lettre à M. de Villemessant, et ce journaliste, *malin et honnête tout à la fois*, je me plais à le reconnaître ici, eut la loyauté de publier, *in extenso*, dans un prochain numéro, ma réponse, si longue qu'elle fût pour son petit format. M. de Villemessant avait bien compris que son rédacteur n'avait pu être *qu'induit en erreur* et avait pris pour des vérités des *cancans de bureaucrate,* « la pire médisance par sa bassesse et sa bêtise, » dit *Balzac* dans *la Comédie humaine.*

Mais enfin, mon nom, que je croyais si bien caché jusqu'alors sous le pseudonyme, avait été prononcé plusieurs fois comme à plaisir dans *le Figaro.*

« *Le voilà donc connu, ce secret plein d'horreur !* » Qu'on se rassure, toutefois, *cette lugubre nouvelle n'occasionna aucune baisse à la Bourse.* La cote en fait foi.

Mais, le voile une fois déchiré, je fus assailli par mes amis et mes connaissances.

L'un me disait : Vous avez bien fait de prendre le ton badin, et l'épigraphe du *libretto* est bien choisie : Castigat ridendo mores.

Un autre, plus puritain, me reprochait « *d'avoir trempé ma plume de juriste dans une écritoire d'une noirceur trop humoristique.* » (*Sic.*)

Celui-ci trouvait que cette petite brochure, à couverture rose, plaisait surtout aux dames-voyageuses.

Cet autre : *que j'avais manqué le coche à propos de chemins de fer!* Et autres, *ejusdem farinæ...*

M. de *Villemessant* lui-même me dit de sa voix sonore : « *Pourquoi vous, un vieux praticien, n'a-*

vez-vous pas plutôt écrit un *traité complet et
sérieux sur le droit pénal au point de vue de
l'assassinat, du viol, etc., dans les waggons isolés
et privés de secours ?* »

M. *Amyot*, mon estimable éditeur, fit *chorus*.
Cette dernière observation me frappa le plus, et je
pris une autre plume que celle du *brochurier*.

Cependant, pour échapper au reproche *de parti
pris* que me fit *la Critique française (de M. Ernest
Desmarest)*, je résolus de n'écrire *que sur un ton
impartial*.

Je vais donc vous *plaider le pour et le contre :*
vous jugerez après, dans votre conscience, qui a
raison ou tort, du public ou des compagnies concessionnaires ?

Ce livre n'a qu'un but : démontrer *qu'où il y a
cas de force majeure*, les chemins de fer sont léga-
lement excusables ; mais qu'au cas *de faute lourde,
d'imprudence, d'inadvertance inexplicable de
leurs employés*, la loi est encore trop douce pour
ceux-ci et leurs patrons civilement responsables.
Qui me contredira ?

On s'écrie souvent : *Dura lex, sed lex !...* En
matière d'accidents des chemins de fer, il doit exister une variante, c'est : *In legibus salus !...* Ainsi,
mon livre est placé sous la sauvegarde de la magistrature française. *Honni soit qui mal y pensera.*

J'apporte le travail des tribunaux depuis trente ans!... Or, M. *Dupin aîné* disait : « *Une jurisprudence déjà trentenaire, c'est un monument élevé à la vérité :* RES JUDICATA PRO VERITATE HABETUR... »

Pour terminer ce trop long exorde, j'explique pourquoi je me suis arrêté, depuis quatre ans que j'ai entrepris ce travail *d'arrétiste,* comme on dit au Palais.

Il m'a fallu attendre la fin des enquêtes, des contre-enquêtes, des rapports, des débats législatifs, des travaux des autorités administratives, etc...

Malheureusement, le problème est loin d'être résolu, et je me permets, dans ce conflit d'opinions diverses, de poser les questions suivantes encore pendantes et indécises :

1° *Y a-t-il vraiment quelque chose à faire, afin de prévenir le retour des vols. des homicides, des attentats à la pudeur. etc., commis dans les waggons sur les chemins de fer ?*

2° *Quel serait le mode d'avertissement le plus efficace pour faire arrêter les trains en marche, en cas d'alarme* (1)?

____

(1) Une chose qui me confond d'étonnement et de stupeur tout à la fois, c'est que, lorsque la science croit avoir découvert un moyen d'avertissement, même le plus simple, on l'abandonne ou on le refuse aussitôt. par le seul motif futile « que

3° *Quelle voie de salut prépare-t-on au voyageur ou à la voyageuse aux prises avec un scélérat (comme Jud par exemple), pour pouvoir sortir du waggon avant que le crime puisse s'accomplir ?*

4° *Quels moyens employer pour empêcher un coupable après la perpétration d'un crime, d'échapper à la vindicte publique (toujours comme Jud)?*

5° *Pourquoi ne pas obliger les compagnies,* HIC ET NUNC, *ou au fur et à mesure des changements de matériel, à ne construire que des voitures commodes, confortables, épargnant comme en Suisse, en Allemagne, aux États-Unis, des maladies aux voyageurs, et empêchant la mort subite d'un malade dans son waggon-lit, faute de soins ?*

Hé quoi! c'est à la France, à mon pays, qu'on peut, qu'on doit *même* dire encore aujourd'hui, *après un lustre accompli de discussions stériles, d'essais infructueux, d'inventions dérisoires* (1),

les voyageurs peuvent s'amuser à donner le signal d'arrêt, sans motifs plausibles, et que cela ralentirait le convoi! »

Comme s'il ne valait pas cent mille fois mieux subir ce léger inconvénient, sous la sanction pénale d'une forte amende, plutôt que d'exposer à la mort le voyageur qui appellerait sérieusementt à son secours, en cas d'incendie, ou d'assassinat, ou de tou autre accident au convoi!!!!

(1) J'en excepte le modèle d'un waggon en fer, avec cabinet

de projets abandonnés, repris, cette vieille maxime arrangée :

> Hé ! mon pays, tire-moi du danger,
> Qu'ils fassent après leur harangue !...

On a déjà trop parlé et trop écrit sur un pareil sujet. Il serait temps d'agir, car, en fait d'accidents à éviter, c'est le cas de redire aussi avec un autre de nos poëtes français :

> Il faut des actions et non pas des paroles.

Toutefois, je vois déjà d'ici poindre les objections. On va m'opposer *la statistique* avec ses calculs infinis.

La statistique va me répéter cette immense vérité qui semble sortir un peu de la bouche de M. DE LA PALISSE :

« En diligence, en chaise de poste, on versait comparativement bien plus souvent qu'il n'arrive à un convoi tout entier de dérailler, de se briser, de se brûler, de se noyer, etc. »

N'est-ce pas, en effet, une admirable chose que

à l'avant et à l'arrière, galerie au milieu, dû à l'invention d'un habile ingénieur, M. Sauvage, directeur des chemins de l'Est. Pourquoi ne pas avoir adopté ce projet, le seul vraiment utile et topique ?

la statistique, quand il s'agit de compter les morts et les estropiés pour toute leur vie!

Mais, ô calculateurs impitoyables! *les accidents sur la voie de terre ne se comptent que par centaines... Ceux des chemins de fer se supputent par milliers...* Quand une voiture versait, on pouvait déplorer *une ou deux morts* ; quand un convoi se disloque, *on a à redouter la mort ou les blessures* graves *de sept à huit cents personnes!* Comme c'est consolant! *Mais les chiffres sont là, répond la docte* STATISTIQUE, cette sainte moderne.

Cela me rappelle involontairement un mot bien remarquable, bien spirituel de ***M. Jules Favre***, député.

Dans une séance, où l'on s'occupait de la vérification des pouvoirs, un député reprochait à un de ses collègues *d'avoir donné de l'argent à ses électeurs*. (C'est la protestation qui le disait, peut-être bien *à tort*, je raconte tout au plus.)

Indigné de cette supposition, l'honorable membre attaqué s'écria : *On n'a presque rien donné!*

« *Ce presque rien*, répliqua *M. Jules Favre*, est encore de trop. *On ne doit rien donner du tout!*

Qu'à mon tour on me permette de dire, n'en déplaise à *la statistique : Le nombre comparatif des tués, des blessés, des estropiés, des gens brûlés vifs, etc.*, c'est trop, de beaucoup trop! Quand arriverons-nous donc à voir, au frontispice des gares, ces mots plus rassurants : Rapidité et Sécurité? Cette noble devise est celle que proposent tous les honnêtes gens, hâtons-nous donc de l'adopter en France.

Maintenant, lecteurs, qui n'avez pas lu la petite brochure dont je viens de vous donner *l'histoire*, je termine mon introduction par la *conclusion* même de cet opuscule oublié, Dieu merci!

De tout ce qui vient d'être lu, que faut-il induire?

Est-ce par hasard que la France n'aurait pas dû, dans un siècle de progrès et de lumières, profiter d'une admirable découverte?

Ce serait plus qu'un sophisme, ce serait un blasphème.

D'autres écriront que le monopole, puisque monopole il y a, n'aurait dû appartenir qu'à l'État, comme le service des postes, les lignes télégraphiques, etc. C'est une des plus hautes et graves controverses que ma plume trop flexible n'oserait même toucher, sans craindre de se briser contre un rocher ardu.

Si le monopole est une *nécessité inexorable*, on doit l'entourer de précautions, de conditions préalables, *sine quâ non*, en un mot de ce qu'on appelle les *cahiers des charges*, plus en harmonie avec les besoins du public qu'on sert si mal pour son pauvre argent!

Voyez les théâtres : c'est aussi un privilége, un monopole (1). Mais l'autorité ne veut pas que ces lieux de plaisir dégénèrent en des lieux d'abus, de vexations, d'immoralité! Que le public payant s'amuse·pour le prix qu'il apporte au bureau; qu'il enrichisse les directeurs, et fasse vivre ces nombreuses pléiades d'artistes : c'est fort bien! mais que le public ne soit ni volé, ni molesté, ni blessé, ni brûlé vif, ni choqué dans sa pudeur et ses mœurs, ni exposé à un pugilat entre les spectateurs, c'est le droit de l'autorité, et ce droit est respecté de chacun de nous tous les soirs.

(1) En 1862, la loi qui rétablit la liberté des théâtres n'existait pas. Mais ces établissements n'en sont pas moins placés sous la surveillance de l'autorité.

11

NOTICE GÉNÉRALE SUR LES CHEMINS DE FER FRANÇAIS

LÉGISLATION ET RÈGLEMENTS DE L'ADMINISTRATION PUBLIQUE

> « Pour prévenir les délits dont les chemins de fer peuvent être la cause, l'objet ou l'occasion, la loi a dû organiser une surveillance active, et lui donner la sanction d'une répression ferme et assurée. »
>
> (*Rapport de la commission de l'Assemblée nationale, sur la loi du 6 mars 1850.*)

On sait que les grandes compagnies des chemins de fer, dont le siége social est à Paris, patronnent, depuis 1849, un recueil intitulé : ANNUAIRE-CHAIX, ou *Annuaire officiel des chemins de fer*, publié par l'administration de l'Imprimerie centrale des chemins de fer.

Ce recueil, commencé par un employé du chemin d'Orléans, *feu M. Petit-Ducoupray*, se continue sous la direction *de Me Auguste Pinel*, avocat au

Conseil d'État et à la Cour de cassation, auteur d'un recueil de jurisprudence annuel.

Nous n'entendons nullement faire la critique de ce recueil, publié par une maison honorable dans le commerce, et créé par un homme estimable, dont nous fûmes l'ami et souvent le collaborateur obligé, étant l'agréé de son administration.

Mais pour donner une idée de l'esprit de cette publication et du sentiment, d'ailleurs fort avouable, qui l'a fait naître, nous nous bornerons à transcrire *le prospectus de l'œuvre à son origine* — (1849-1850-1851) :

« Les chemins de fer français continuent à conserver une supériorité incontestable sur les chemins de fer étrangers, tant au point de vue de leur construction que sous le rapport du bon entretien de leurs voies, de l'état satisfaisant de leurs établissements, de leur matériel et de la bonne tenue des agents de leur exploitation.

« Aucune construction à l'étranger ne peut rivaliser avec les magnifiques gares des chemins de fer de *Strasbourg* et de *Lyon*; aucune de leurs voies de chemins de fer n'est comparable à celles des chemins de fer *d'Orléans*, *du Centre* et *de Rouen*; aucunes voitures de voyageurs n'offrent le *confortable* et n'ont *l'élégance* de celles des chemins de fer français nouvellement exploités, et notamment des voitures des chemins *du Nord, de Lyon, de Bordeaux et de Nantes ; enfin, le personnel des chemins de fer français a une tenue militaire et est soumis à une discipline qu'on ne peut trouver nulle part ailleurs* (1) !

« En Angleterre, à l'exception des voitures de première classe, qui sont un peu mieux entretenues que les autres, le matériel est loin de présenter au voyageur l'aspect et la commodité du matériel des chemins de fer français (2).

« Les vitesses des trains en France sont égales à celles que l'on obtient en Angleterre ; elles leur sont même supérieures dans certains cas, pour le transport des voyageurs de troisième classe ; car sur plusieurs chemins de fer anglais il y a, pour ces voyageurs, des trains distincts qui ne font que vingt-trois kilomètres à l'heure, temps d'arrêts compris..... »

Arrêtons-nous. *Il est permis de s'extasier sur la vitesse de nos express-trains ; mais feu le maréchal Soult, qu'on avait transporté de Londres à*

----

(1) Ne perdons pas de vue que c'est un employé de chemin de fer qui a écrit ces lignes hyperboliques ; on ne saurait donc faire à ses patrons le reproche que fait Molière à un personnage d'une de ses comédies : *Vous êtes orfévre, monsieur Josse ?*

(2) J'ai voyagé en Allemagne, en Suisse, en Italie, en Espagne, en Portugal, etc., et j'ai la douleur de n'être pas de l'avis de mon compatriote sur ce point. — J. L.

Liverpool (400 kilom.) *en trois heures, et sans accident!* disait que *nos voisins d'outre-mer allaient, à cette époque du moins, aussi vite que nous!* Suum cuique!

Mais continuons nos citations :

« ..... Les bagages, en France, sont enregistrés et taxés *suivant leur poids;* les voyageurs reçoivent *un bulletin qui leur donne toute sécurité* et les dispense du soin de veiller eux-mêmes aux objets qui les accompagnent! En Angleterre, l'enregistrement donnant lieu à une perception basée *sur la valeur déclarée du colis*, il en est résulté que les compagnies ne font d'enregistrement qu'autant qu'elles en sont requises, et qu'à défaut d'une demande formelle à ce sujet, les bagages sont mis, sans aucun enregistrement, sur l'impériale des voitures ou dans les waggons, aux risques et périls des propriétaires. A l'arrivée, chacun cherche au milieu du monceau de bagages, mis à terre, ce qui lui appartient, et l'enlève. Ce mode de procéder amène une grande simplification dans le service des gares; mais il peut donner lieu à des erreurs et même à des fraudes fréquentes. *La marche suivie en France est bien préférable pour le public* (1).

(1) Tout ceci est parfaitement vrai. Mais disons aussi que les relations internationales ont fait adopter aux Anglais le système français, en effet bien mieux entendu.

« Ce qu'il faudrait, pour rendre *équitable* la responsabilité que les tribunaux font peser sur les compagnies, ce serait *que l'indemnité qu'elles ont à payer, en cas de pertes, fut établie d'après le poids sur lequel elles ont assis leur taxe, et non d'après la valeur cachée, pour laquelle elles n'ont reçu aucune prime proportionnelle.* »

Sur cette question de responsabilité, nous citerons, plus loin, *des jugements et des arrêts obligeant les diverses compagnies à rembourser aux voyageurs leurs bagages ou leurs colis perdus, non pas en raison du poids, mais bien de la valeur estimée des objets,* ce qui est fort juste.

Supposons, en effet, deux voyageurs du même train. *L'un, appartenant à la classe riche,* réclame une malle, contenant des effets de luxe ou des valeurs; *l'autre, un chaudronnier,* par exemple, ayant placé dans le fond de sa valise un gros objet de son commerce, redemande son colis perdu.

Eh bien! d'après votre système, le chaudronnier doit recevoir, *en raison du poids de sa vieille ferraille,* une indemnité qui dépassera celle attribuée à la malle du voyageur de première classe, *beaucoup moins lourde,* si elle ne contient que *des habillements et des bijoux.* Voilà pourtant *les énormités* qu'on a voulu, dès le principe, imposer au public, et faire admettre par les tribunaux, qui ont repoussé cette prétention *léonine*.

Qu'on sache bien que la jurisprudence repousse cette distinction arbitraire, et *que la valeur intrinsèque* (depuis un arrêt de la cour de Bordeaux qui a condamné le chemin d'Orléans à rembourser 25,000 francs renfermés dans la malle d'un voyageur) est la seule valeur qui serve de *criterium* à la justice en cas de perte d'un colis.

Il tombait sous le sens *que le tarif des bulletins de bagages, taxant une malle à 150 francs, un sac de nuit à 50 francs, etc., etc., n'est nullement un contrat synallagmatique liant les deux parties, mais un acte unilatéral, puisque ce bulletin, qu'on ne vous remet qu'aux dernières minutes du départ, ne peut être librement discuté. A peine a-t-on le temps d'en prendre lecture, si ce n'est en route, une fois parti.* Malheureusement, en France, si le public oublie, trop souvent, les règlements qui lui incombent, il se montre, aussi, peu soucieux des droits qui lui appartiennent. L'ignorance engendre toujours les préjugés : ainsi j'ai entendu des gens bien élevés, instruits, *beaux causeurs en waggons,* soutenir *qu'il n'y a rien à faire contre les Compagnies, trop puissantes auprès de l'autorité supérieure et trop favorisées par les tribunaux !...* « *C'est,* me disait une vieille dame du faubourg Saint-Germain qui avait perdu un cachemire d'un grand prix, *vouloir entreprendre la lutte du pot de terre contre le pot de fer.* »

Quelle aberration ! Oubliera-t-on toujours *que les Français sont égaux devant la loi ?* Autant les tribunaux se montrent sévères pour les réclamations exagérées, autant ils admettent, dans leur impartialité, celles qui sont justifiées par les parties réclamantes.

Ce qu'on ne permet pas, *c'est de profiter d'un malheur ou d'un accident public*, d'après cette règle si sage du vieux droit romain : *Nemo cum alterius jactura locuples fieri debet...*

Tout le monde, sans doute, ne peut faire un cours de droit. Mais il est des principes que nul n'est supposé n'avoir jamais appris. Ainsi cette disposition : *Nul n'est censé ignorer la loi*, est rigoureuse, mais indispensable. Par contre, on doit aussi connaître, *ce qui vous compète*. Voilà surtout ce qu'on ne sait pas faire dans la généralité, car on néglige son droit.

Ce qu'on ignore principalement, et bien à tort, *c'est l'influence de la loi sur les fonctionnaires préposés sur nos chemins de fer à l'observance des règles et des conditions imposées aux compagnies exploitantes.*

Quand vous arrivez à une gare, à une station, si vous avez à vous plaindre, pourquoi vous adresser *au simple employé, au salarié du chemin de fer?*

Est-ce qu'il n'y a pas là *un fonctionnaire public?* Ce fonctionnaire, *c'est le commissaire de surveillance;* ou, à défaut de celui-ci, *le sous-commissaire;* ou encore, après ce dernier, *le commissaire de police* (spécialement attaché au chemin de fer).

La loi du 6 mars 1850, qui nomme ces divers préposés et leur accorde un caractère d'une grande importance, *est presque inconnue du public, pour lequel seul elle a été votée!*

Voici un *specimen* de cette loi, que nous puisons dans le rapport de la commission de l'Assemblée nationale, sur le projet présenté par le gouvernement :

« *Pour prévenir les délits dont les chemins de fer peuvent être la cause, l'objet ou l'occasion, la loi a dû organiser une surveillance active, et lui donner la sanction d'une répression ferme et assurée.* Dans le but d'aider à l'une et à l'autre, elle a distingué les contraventions de grande voirie (qu'elle a laissées à la compétence du conseil de préfecture) des actes qui attentent aux personnes ou aux propriétés, et des infractions aux règlements d'exploitation, qu'elle a érigés en crimes, délits et

*contraventions, et déférés aux tribunaux ordi-
naires.* Ensuite, afin de répondre aux nécessités
d'une surveillance que réclamaient des actes de nature si différente, elle avait chargé les agents des
ponts et chaussées, ceux des mines, des commissaires royaux et des commissaires spéciaux de police, de surveiller l'application des règlements d'exploitation *et tout ce qui touche au maintien de
l'ordre dans les cours, gares et stations, au départ, à l'arrivée et pendant la marche des trains...*

« Le gouvernement s'est ému d'un inconvénient
que la pratique ne permettait plus de regarder
comme une chimère ; et du moment qu'il a vu des
directeurs de chemins de fer appelés chaque jour à
se défendre en police correctionnelle contre les procès-verbaux d'un commissaire spécial de police, ou
à s'en expliquer auprès des officiers du parquet, il a
pensé qu'il devait ôter à la surveillance ce qu'elle
paraissait avoir de trop exigeant et subordonner cet
agent à une direction plus spéciale, et par conséquent plus éclairée. De là est venu l'arrêté du
29 juillet 1848, qui supprime les commissaires spéciaux de police et les agents préposés à la surveillance de l'exploitation, et qui leur substitue des
commissaires et des sous-commissaires spéciaux de
surveillance, qu'il place sous les ordres des ingénieurs des ponts et chaussées et des mines. *Mais*

cet arrêté allait trop loin : au lieu de corriger le service de la police des chemins de fer, il le supprimait, et aux abus de la surveillance succédaient les inconvénients les plus graves du relâchement.....

« Les réclamations des magistrats et de l'administration furent entendues ; la commission centrale des chemins de fer et le conseil d'État furent consultés, et de leurs délibérations, marquées par un accord à peu près complet, sortit le projet de loi que le gouvernement a présenté..... »

Après une discussion lumineuse sur les règlements antérieurs, la loi du 26 février-6 mars 1850 fut votée et promulguée en ces termes :

« L'ASSEMBLÉE NATIONALE, etc. :

« ART. 1er. — Les commissaires et sous-commissaires spécialement préposés à la surveillance des chemins de fer sont nommés par le ministre des travaux publics.

« ART. 2. — Un règlement d'administration publique déterminera les conditions et le mode de leur avancement.

« ART. 3. — Ils ont, pour *la constatation des crimes, délits et contraventions commis dans l'enceinte des chemins de fer et de leurs dépen-*

dances, les pouvoirs d'officiers de police judi-ciaire.

« ART. 4. — Ils sont, en cette qualité, sous la surveillance du procureur de la République (aujour-d'hui procureur impérial), et lui adressent directe-ment leurs procès-verbaux.

« Néanmoins, ils adressent aux ingénieurs, sous les ordres desquels ils continuent à exercer leurs fonctions, les procès-verbaux qui constatent les contraventions à la grande voirie ; et en double ori-ginal, aux procureurs de la République (procureurs impériaux) et aux ingénieurs, ceux qui constatent les infractions aux règlements de l'exploitation.

« Dans la huitaine du jour où ils auront reçu les procès-verbaux constatant les infractions aux règle-ments de l'exploitation, les ingénieurs transmet-tront au procureur de la République (procureurs im-périaux) leurs observations sur ces procès-verbaux.

« Dans le même délai, ils transmettront au préfet les procès-verbaux qui auront été dressés pour con-travention à la grande voirie. »

Cette loi fut suivie d'un règlement d'administra-tion publique, en date du 27 mars 1851, que nous *analysons*, en raison de sa grande étendue :

« ART. 1er. — Les commissaires de surveillance administrative des chemins de fer sont répartis en trois classes. — Les sous-commissaires forment une seule classe.

« Les traitements sont ainsi fixés :

« Commissaire de 1re classe. 3,000 fr.
« Commissaire de 2e classe. 2,000
« Commissaire de 3e classe. 2,500
« Sous-commissaire. 1,500

« ART. 2. — Nul ne peut être nommé sous-commissaire de surveillance, s'il n'est Français, âgé de vingt-cinq ans au moins, et s'il n'a été porté sur une liste d'admissibilité, dressée conformément aux dispositions des articles ci-après.

« ART. 3. — Des commissions d'examen pour l'admissibilité à l'emploi de sous-commissaire siégent aux lieux et aux époques qui seront déterminées...

« ART. 6. — Les examens sont publics.

« ART. 7. — Les candidats sont soumis à des épreuves écrites et à des examens oraux.

« ART. 8. — La commission dresse par ordre de mérite la liste des candidats admissibles.

« ART. 9. — Le tiers du nombre des emplois de sous-commissaires auxquels il est pourvu chaque année est réservé aux anciens officiers et sous-officiers de terre et de mer, libérés du service ou retraités, qui satisferont d'ailleurs aux conditions de l'examen prescrit par l'article précédent.

« Art. 10. — Les commissaires de 1re et de 2e classe sont choisis parmi les commissaires de la classe immédiatement inférieure. Les commissaires de 3e classe sont choisis parmi les sous-commissaires.

« Aucun avancement de grade ou de classe ne peut avoir lieu qu'après deux années au moins passées dans le grade ou la classe immédiatement inférieure. Il ne peut être dérogé à cette règle qu'à défaut de candidats satisfaisant à la condition d'ancienneté ci-dessus énoncée.

« Art. 12. — La révocation ne peut être prononcée qu'après que le commissaire ou le sous-commissaire aura été admis à fournir ses explications. »

De l'économie de cette loi et de ces règlements il ressort clairement que dans l'origine les places étaient données après examens passés devant une commission spéciale, mais que le décret fut abrogé par une considération d'ordre public : « L'aptitude et le savoir ne sauraient être les seuls éléments du choix des fonctionnaires publics; des garanties d'un autre ordre doivent être offertes par les candidats, et leur appréciation est du domaine exclusif de l'autorité qui nomme et révoque les agents (1). »

(1) V. Napoléon Bacqua, *Codes spéciaux de la législation française*, t. II.

Cependant l'immense développement donné à l'exploitation de nos voies ferrées, *le nombre, malheureusement croissant, des accidents et des crimes* que cette agglomération de voyageurs sur une seule ligne en particulier, et sur toutes les lignes en général, engendrait chaque jour, *malgré toutes les précautions humainement possibles*, a stimulé de nouveau la sollicitude éclairée du gouvernement. Aux commissaires et sous-commissaires spéciaux il a fallu encore adjoindre *des commissaires de police et des inspecteurs de police spéciaux* pour aider les premiers fonctionnaires dans l'œuvre protectrice, tout à la fois, des compagnies exploitantes et du public qui voyage sur les chemins de fer.

Un décret du 22 février et du 15 décembre 1865 pourvut à cette annexion d'un service spécial de surveillance. En voici les points principaux :

« ART. 1er. — La surveillance des chemins de fer et de leurs dépendances est exercée par des commissaires de police dont la résidence, le nombre et les traitements et frais de bureau seront établis conformément au tableau ci-joint...

« ART. 2. Il est créé *soixante-dix inspecteurs de police* spécialement attachés au service de la surveillance spéciale des chemins de fer...

« ART. 3. — Les pouvoirs des commissaires de

police et des inspecteurs de police s'étendront à toute la ligne à laquelle ils seront attachés...

« ART. 4. — Les inspecteurs de police sont placés sous l'autorité immédiate et la direction des commissaires de police ; les uns et les autres *préteront serment* entre les mains du préfet de police, à Paris, et du préfet dans les départements.

« ART. 5. — Les commissaires de police rendront compte aux préfets de tous les faits intéressant leur service ; ils adresseront en même temps copie de leurs rapports à notre ministre de l'intérieur.

« ART. 6. Les commissaires de police établis dans les localités traversées par des chemins de fer continueront à exercer leur autorité sur la partie de ces lignes comprise dans leur circonscription, concuremment avec les commissaires de police créés par le présent décret... »

Enfin, par un décret du 28 mars-15 décembre 1855, « il a été créé à Paris un COMMISSAIRE CENTRAL DES CHEMINS DE FER. (*Un traitement de sept mille francs est attaché à cet emploi, dont le titulaire recevra en outre quinze cents francs de frais de bureau.*) »

Que le public ne se plaigne donc pas de l'indifférence de l'autorité, à l'endroit des réclamations

qu'il est si souvent en droit d'adresser aux entreprises de chemins de fer, et contre leurs nombreux
employés! Où trouver une législation plus protectrice de ces droits? Dans quels pays peut-on avoir
plus de fonctionnaires *ad hoc*, chargés de faire
respecter les justes intérêts de ceux qui confient
leurs biens, et même leur vie, à ce terrible locomo-
teur qu'on appelle LA VAPEUR?

Cependant on se plaint généralement *que ces
fonctionnaires spéciaux aient un costume qui
ne les fasse pas suffisamment distinguer des
autres employés, en uniforme, des chemins de fer.*

Cela est rigoureusement vrai.

Quel est l'individu assez bien renseigné pour reconnaître, *au moyen d'un galon à la casquette, ou
d'une palmette au collet de l'habit,* si c'est à un
commissaire ou à un employé du chemin de fer qu'il
s'adresse?

Faut-il donc répéter ce que j'avais déjà dit ailleurs?

A Dieu ne plaise, que je veuille jeter la moindre
déconsidération sur des fonctionnaires publics choisis, comme on l'a vu plus haut, et qui sont la plupart
d'anciens militaires décorés.

« Mais il n'y a pas de règle sans exception, et il
y a cinq ans, j'étais bien obligé d'écrire les lignes
ci-après, qui avaient encore leur *actualité :*

« On vous autorise, à la vérité, à vous adresser au commissaire de surveillance, lequel doit avoir un registre ouvert aux plaintes du public.

« Mais ce fonctionnaire n'est-il pas (bien que désigné par le gouvernement) *à la solde du chemin de fer?* Quelle anomalie!

« Aussi, quelle indulgence pour l'administration! Il excuse toujours les fautes, et pour peu que vous insistiez, que voulez-vous faire au moment où la cloche annonce le départ du train? Rester en route pour verbaliser! Le choix est fort aimable.

« Pour bien faire, un inspecteur devrait accompagner chaque convoi et avoir (à l'instar de la poste) un petit bureau ambulant où il pourrait consigner les plaintes plus ou moins fondées des réclamants, car n'est-ce pas un non-sens, si on n'a que quelques minutes pour s'arrêter, de les employer à chercher ce commissaire de surveillance, lequel, très-souvent, est à déjeuner ou à lire le journal au lieu de vous écouter à son poste.

« D'ailleurs, son uniforme, en tout semblable à celui des autres employés, à quelques nuances près, ne laisse pas voir au public quelle est la nature des fonctions qu'il remplit, et le public ignore quels sont ses droits de réclamation, la plupart du temps.

« On affiche bien dans l'intérieur des voitures quelques articles du règlement, mais on a le soin d'omettre cette faculté, pour le voyageur lésé, vexé ou insulté, de déposer sa plainte entre les mains de l'autorité.

« C'est qu'en chemin de fer, *tout se passe en famille !!! »*

Si j'employais alors ce langage un peu âpre, c'est que je l'avais entendu souvent tenu par d'honorables commissaires de surveillance eux-mêmes, qui déploraient ces lacunes dans leur institution, si respectable et si recherchée.

Qui de nous n'a connu X..., ce brave garçon, chevalier de la Légion 'd'honneur, neveu d'un ancien ministre, exerçant ces honorables fonctions, à la satisfaction de chacun? Celui-là connaît ses devoirs, comme la grande majorité de ses collègues, et je le répète, je ne voudrais affliger qui que soit. Mais le Gouvernement a déjà fait un grand pas dans la voie des améliorations. *Désormais les inspecteurs sont soldés par l'État!* Cette mesure n'a fait qu'ajouter à l'autorité de ces fonctionnaires utiles, et a dû faire cesser bien des abus.

Remercions le ministre des travaux publics, et souhaitons qu'il ne s'arrête pas dans des projets de réformes aussi sages que bien entendues.

Il est encore un abus à signaler : un arrêté ministériel autorise les voyageurs, munis de billets de places, à attendre le départ du convoi sur le quai.

Pourquoi *persister à parquer la foule dans une salle d'attente*, où l'on étouffe, et empêcher le premier venu de choisir son compartiment à son gré?

J'approuve fort qu'on affiche dans les gares *les jugements qui punissent les voyageurs fumant en waggons*, malgré les observations des employés; et *ces gros écriteaux, invitant le public à ne pas descendre avant l'arrêt complet des trains!* Cette mesure est fort sage, et fait honneur aux chefs d'exploitations, comme prévenant des accidents. Mais je voudrais aussi qu'on obligeât les compagnies *à donner plus de publicité aux ordres qu'elles reçoivent de l'autorité compétente dans le pur intérêt des voyageurs.*

Maintenant, je passe à ce qui m'importe le plus : *aux décisions judiciaires rendues en faveur des chemins de fer, ou contre les chemins de fer.*

C'est dans cette *troisième partie* de mon livre, qui ne m'a coûté que la peine *de colliger* (vieux style), qu'on trouvera le plus d'enseignements, car, jusqu'alors, les avocats les plus instruits, les jurisconsultes les mieux à portée des questions relatives aux chemins de fer, ont bien écrit des *traités*, des *ouvrages de droit sur les entreprises de transports par la voie ferrée, au regard des expéditeurs, et même un peu au sujet des objets égarés ou perdus; et de la responsabilité civile des admi-*

nistrateurs dans ces cas divers; mais ce qui manquait complétement, *c'était un recueil des décisions en matière pénale.*

Puisse mon travail, ingrat sans doute, et peut-être encore incomplet, amener la conciliation que je désire, du fond de ma conscience, à savoir : *l'intérêt des compagnies mis en harmonie avec la sécurité du public en voyage.*

Pour concilier ces deux intérêts, mis chaque jour en présence, il faut que le public, *souvent injuste dans ses récriminations, et contre les compagnies et contre les employés,* sache bien *son code de chemins de fer;* qu'il étudie la législation sur la police des chemins de fer, si bien conçue, si bien combinée, qu'à peu de modifications près, elle est demeurée la même jusqu'ici. Cette loi qui sert de règlement est *affichée* dans toutes les gares. Mais comme on n'a guère le temps de lire une *pancarte* aussi longue, on me saura gré de part et d'autre d'en rappeler le texte dans cette partie de mon traité, avant d'arriver à l'application qu'en font journellement les tribunaux, ce qui forme la jurisprudence.

LOI SUR LA POLICE DES CHEMINS DE FER

(15-21 juillet 1845.)

Les titres I et II de cette loi sont relatifs *à la conservation des chemins de fer et aux contraventions de voirie commises par leurs concessionnaires ou fermiers.*

Nous passons donc au titre III, le plus intéressant pour la matière spécialement traitée dans ce recueil.....

TITRE TROISIÈME

Des mesures relatives à la sûreté de la circulation sur les chemins de fer.

« ART. 16. — Quiconque aura volontairement détruit ou dérangé la voie de fer, placé sur la voie un objet faisant obstacle à la circulation ou employé un moyen quelconque pour entraver la marche des convois ou les faire sortir des rails, sera puni de la réclusion. S'il y a eu homicide ou blessures, le coupable sera, dans le premier cas, puni de mort, et, dans le second, de la peine des travaux forcés à temps. (*Code pénal*, art. 12 et suivants.)

« ART. 17. — Si le crime prévu par l'article 16 a été commis en réunion séditieuse avec rébellion ou pillage, il sera imputable aux chefs, auteurs, instigateurs et provocateurs de ces réunions, qui seront punis comme coupables du crime et condamnés aux mêmes peines que ceux qui l'auront personnellement commis, lors même que la réunion séditieuse n'aurait pas eu pour but direct et principal la destruction de la voie de fer. (*Code pénal*, art. 265 et suivants.) — Toutefois, dans ce dernier cas, lorsque la peine de mort sera applicable aux auteurs du crime, elle sera remplacée, à l'égard des chefs, auteurs, instigateurs et provocateurs de ces réunions, par la peine des travaux forcés à perpétuité.

« Art. 18. — Quiconque aura menacé, par écrit anonyme ou signé, de commettre un des crimes prévus en l'article 16, sera puni d'un emprisonnement de trois à cinq ans, dans le cas où la menace aurait été faite avec ordre de déposer une somme d'argent dans un lieu indiqué ou de remplir toute autre condition. (*Code pénal*, art. 305.) — Si la menace n'a été accompagnée d'aucun ordre ou condition, la peine sera d'un emprisonnement de trois mois à deux ans et d'une amende de cent à cinq cents francs. (*Code pénal*, art. 306.) — Si la menace avec ordre ou condition a été verbale, le coupable sera puni d'un emprisonnement de quinze jours à six mois et d'une amende de vingt-cinq à trois cents francs. (*Code pénal*, art. 307, 308.) — Dans tous les cas, le coupable pourra être mis par le jugement sous la surveillance de la haute police pour un temps qui ne pourra être moindre de deux ans ni excéder cinq ans. (*Code pénal*, art. 11, 44, 45.)

« ART. 19. — Quiconque, par maladresse, imprudence, inattention, négligence ou inobservation des lois ou règlements, aura involontairement causé sur un chemin de fer, ou dans les gares ou stations, un accident qui aura occasionné des blessures, sera puni de huit jours à six mois d'emprisonnement, et d'une amende de cinquante francs à mille francs. (*Code pénal*, art. 320.) — Si l'accident a occasionné la mort d'une ou plusieurs personnes, l'emprisonnement sera de six mois à cinq ans, et l'amende de trois cents à trois mille francs. (*Code pénal*, art. 319.)

« ART. 20. — Sera puni d'un emprisonnement de six mois à deux ans tout mécanicien ou conducteur garde-frein qui aura abandonné son poste pendant la marche du convoi.

« ART. 21. — Toute contravention aux ordonnances royales portant règlement d'administration publique sur la police, la sûreté et l'exploitation du chemin de fer et aux arrêtés pris par les préfets, sous l'approbation du ministre des travaux publics, pour l'exécution des dites ordonnances, sera punie d'une amende de seize à trois mille francs. — En cas de récidive dans l'année, l'amende sera portée au double, et le tribunal pourra, selon les circonstances, prononcer en outre un emprisonnement de trois jours à un mois. (*Code pénal*, art. 58, 483.)

« ART. 22. — Les concessionnaires ou fermiers d'un chemin de fer seront responsables, soit envers l'État, soit envers les particuliers, du dommage causé par les administrateurs, directeurs ou employés à un titre quelconque au service de l'exploitation du chemin de fer. (*Code civil*, art. 1382, 1383, 1384. — *Code pénal*, art. 10.) — L'État sera soumis à la même responsabilité envers les particuliers, si le chemin de fer est exploité à ses frais et pour son compte.

« ART. 25. — Toute attaque, toute résistance avec violence et voies de fait envers les agents des chemins de fer dans l'exercice de leurs fonctions sera punie des peines appliquées à la rébellion suivant les distinctions faites par le Code pénal. (*Code pénal*, art. 209 et suivants.)

« ART. 26. — L'article 463 du Code pénal (1) est applicable aux condamnations qui seront prononcées en exécution de la présente loi.

« ART. 27. — En cas de conviction de plusieurs crimes ou délits prévus par la présente loi ou par le Code pénal, la peine la plus forte sera seule pronon-

____

(1) Circonstances atténuantes.

cée. (*Code d'instruction criminelle*, art. 365.) —
Les peines encourues pour des faits postérieurs à la
poursuite pourront être cumulées, sans préjudice
des peines de la récidive. (*Voyez ci-dessus* ,
art. 21.) »

Ceci posé, il faut se reporter maintenant aux
dispositions législatives subséquentes qui régissent
les chemins de fer.

La loi des 15-21 juillet 1845, relative aux chemins de fer de Paris à la Belgique, contient *les dispositions générales* suivantes, applicables à toutes
les compagnies concessionnaires des autres chemins
de fer en France.

L'article 14 portait : A moins d'une autorisation spéciale de l'administration supérieure, il est
interdit à la Compagnie, sous les peines portées par
l'article 419 du Code pénal, de faire directement ou
indirectement, avec des entreprises de transport de
voyageurs ou de marchandises, par terre ou par
eau, sous quelque dénomination ou forme que ce
puisse être, des arrangements qui ne seraient pas
également consentis en faveur de toutes les autres
entreprises desservant les mêmes routes. Des ordonnances royales, portant règlement d'administration
publique, prescriront toutes mesures nécessaires
pour assurer la plus complète égalité entre les di-

verses entreprises de transports, dans leurs rapports avec le service des chemins de fer et de leurs embranchements. (Au surplus, c'est dans le *cahier des charges* et dans les statuts des compagnies chargées de l'exploitation de telle ou telle ligne que se trouvent consignées les diverses obligations qui sont imposées à ces entreprises. La formation de ces sociétés, les statuts qui les régissent, et toutes les conventions et conditions d'exploitation sont soumises à *l'approbation* préalable du gouvernement. C'est la garantie du public.) — NAPOLÉON BACQUA. — (*Codes spéciaux de la législation française.*)

Enfin, et c'est là surtout ce qu'il importe au public de connaître, tout le monde n'étant pas initié à ce *Code spécial des chemins de fer* qui pourtant a été édicté dans l'intérêt des voyageurs et du public en général, une ordonnance des 15-21 novembre 1846 porte règlement sur la police et l'exploitation des chemins de fer. (Une circulaire du ministre des travaux publics du 31 décembre 1846, destinée à pourvoir à l'exécution du règlement ci-dessus daté, a déterminé les attributions des préfets relativement à la police des chemins de fer.)

Voici les principales dispositions de cette ordonnance :

TITRE PREMIER

Des stations et de la voie des chemins de fer

SECTION PREMIÈRE

Des stations

« ART. 1ᵉʳ. — L'entrée, le stationnement et la circulation des voitures publiques ou particulières, destinées soit au transport des personnes, soit au transport des marchandises dans les cours dépendant des stations des chemins de fer, seront réglés par des arrêtés du préfet du départememt. Ces arrêtés ne seront exécutoires qu'en vertu de l'approbation du ministre des travaux publics.

SECTION II

De la voie

« ART. 2. — Le chemin de fer et les ouvrages qui en dépendent seront constamment en bon état. — La compagnie devra faire connaître au ministre des travaux publics les mesures qu'elle aura prises pour cet entretien. Dans le cas où ces mesures seraient insuffisantes, le ministre des travaux publics, après avoir entendu la compagnie, prescrira celles qu'il jugera nécessaires.

« ART. 3. — Il sera placé, partout où besoin

sera, des gardiens en nombre suffisant pour assurer la surveillance et la manœuvre des aiguilles des croisements et changements de voie; en cas d'insuffisance, le nombre des gardiens sera fixé par le ministre des travaux publics, la compagnie entendue.

« Art. 4. — Partout où un chemin de fer est traversé à niveau, soit par une route à voitures, soit par un chemin destiné au passage des piétons, il sera établi des barrières. — Le mode, la garde et les conditions de service des barrières seront réglés par le ministre des travaux publics, sur la proposition de la compagnie.

« Art. 5. — Si l'établissement de contre-rails est jugé nécessaire dans l'intérêt de la sûreté publique, la compagnie sera tenue d'en placer sur les points qui seront désignés par le ministre des travaux publics.

« Art. 6. — Aussitôt après le coucher du soleil, et jusqu'après le passage du dernier train, les stations et leurs abords devront être éclairés. — Il en sera de même des passages à niveau pour lesquels l'administration jugera cette mesure nécessaire.

TITRE DEUXIÈME

Du matériel employé à l'exploitation.

« Art. 7.—Les machines locomotives ne pourront être mises en service qu'en vertu de l'autorisation de l'administration, et après avoir été soumises à toutes les épreuves prescrites par les règlements en vigueur. (Voy. l'ordonnance du 22 mai 1843 ci-dessus). — Lorsque, par suite de détérioration ou pour toute autre cause, l'interdiction d'une machine aura été prononcée, cette machine ne pourra être remise en service qu'en vertu d'une nouvelle autorisation.

« Art. 8. — Les essieux des locomotives, des tenders et des voitures de toute espèce, entrant dans la composition des convois de voyageurs, ou dans celle des trains mixtes des voyageurs et de marchandises allant à grande vitesse, devront être en fer martelé de premier choix (1).

« Art. 9. — Il sera tenu des états de service pour toutes les locomotives. Ces états seront inscrits sur des registres qui devront être constamment à jour, et indiquer, à l'article de chaque machine, la date de sa mise en service, le travail qu'elle a accompli, les réparations ou modifications qu'elle a reçues, et le renouvellement de ces diverses pièces. — Il sera tenu en outre, pour les essieux des locomotives, tenders et voitures de toute espèce, des registres spéciaux sur lesquels, à côté du numéro

---

(1) Cette sage mesure et toutes celles qui suivent ont été prises après le funeste événement du 8 mai 1842, et nous rapportons plus loin les procès compliqués que ce grand accident a occasionnés.

d'ordre de chaque essieu, seront inscrits sa provenance, la date de sa mise en activité, l'épreuve qu'il peut avoir subie, son travail, ses accidents et ses réparations ; à cet effet, le numéro d'ordre sera poinçonné sur chaque essieu. — Les registres mentionnés aux deux paragraphes ci-dessus seront représentés, à toute réquisition, aux ingénieurs et agents chargés de la surveillance du matériel et de l'exploitation.

« ART. 10. — Il est interdit de placer dans un convoi comprenant des voitures de voyageurs, aucune locomotive, tender ou autres voitures d'une nature quelconque, montées sur des roues en fonte. — Toutefois, le ministre des travaux publics pourra, par exception, autoriser l'emploi des roues en fonte cerclées en fer, dans les trains mixtes de voyageurs et de marchandises, et marchant à la vitesse d'au plus vingt-cinq kilomètres à l'heure.

« ART. 11. — Les locomotives devront être pourvues d'appareils ayant pour objet d'arrêter les fragments de coke tombant de la grille et d'empêcher la sortie des flammèches par la cheminée.

« ART. 12. — Les voitures destinées au transport des voyageurs seront d'une construction solide : *elles devront être commodes et pourvues de ce qui est nécessaire à la sûreté des voyageurs.* (VOIR LA NOTE A LA FIN DE LA CITATION DE CETTE ORDONNANCE.)

— Les dimensions de la place affectée à chaque voyageur devront être au moins de quarante-cinq centimètres de largeur ; cette disposition sera appliquée aux chemins de fer existants, dans un délai qui sera fixé pour chaque chemin par le ministre des travaux publics.

« Art. 13. — Aucune voiture pour les voyageurs ne sera mise en service sans une autorisation du préfet, donnée sur le rapport d'une commission constatant que la voiture satisfait aux conditions de l'article précédent. — L'autorisation de mise en service n'aura d'effet qu'après que l'estampille prescrite pour les voitures publiques par l'article 117 de la loi du 25 mars 1817 aura été délivrée par le directeur des contributions indirectes.

« Art. 14. — Toute voiture de voyageurs portera dans l'intérieur l'indication apparente du nombre des places.

« Art. 15. — Les locomotives, tenders et voitures de toute espèce devront porter : 1° le nom ou les initiales du nom du chemin de fer auxquels ils appartiennent ; 2° un numéro d'ordre. (*Voir la note à la fin de la citation de cette ordonnance.*) — Les voitures de voyageurs porteront, en outre, l'estampille délivrée par l'administration des contributions indirectes. Ces diverses indications seront placées d'une manière apparente sur la caisse ou sur les côtés des châssis.

« Art. 16. — Les machines, locomotives, tenders et voitures de toute espèce, et tout le matériel d'exploitation, seront constamment maintenus dans un bon état d'entretien. — La compagnie devra faire connaître au ministre des travaux publics les mesures adoptées par elle à cet égard, et, en cas d'insuffisance, le ministre, après avoir entendu les observations de la compagnie, prescrira les dispositions qu'il jugera nécessaires à la sûreté de la circulation.

TITRE TROISIÈME

De la composition des convois.

« Art. 17. — Tout convoi ordinaire de vòyageurs devra contenir, *en nombre suffisant*, des voitures de chaque classe, à moins d'une autorisation spéciale du ministre des travaux publics. (*Voir la note à la fin de la citation de cette ordonnance.*)

« Art. 18. — Chaque train de voyageurs devra être accompagné : 1° d'un mécanicien et d'un chauffeur par machine : le chauffeur devra être capable d'arrêter la machine en cas de besoin ; — 2° du nombre de conducteurs garde-freins qui sera déterminé pour chaque chemin, suivant les pentes et suivant le nombre de voitures, par le ministre des travaux publics, sur la proposition de la compagnie. — Sur la dernière voiture de chaque convoi ou sur l'une des voitures placées à l'arrière, il y aura toujours un frein et un conducteur chargé de le manœuvrer. — Lorsqu'il y aura plusieurs conducteurs dans un convoi, l'un d'entre eux devra toujours avoir autorité sur les autres. — Un train de voyageurs ne pourra se composer de plus de vingt-quatre voitures à quatre roues. S'il entre des voitures à six roues dans la composition du convoi, le maximum du nombre des voitures sera déterminé par le ministre. — Les dispositions des paragraphes précédents sont applicables aux trains mixtes des voyageurs et de marchandises marchant à la vitesse des voyageurs. — Quant aux convois de marchandises qui transportent en même temps des voyageurs et des marchandises, et qui ne marchent pas à la vitesse ordinaire des voyageurs, les mesures spéciales et les conditions de sûreté auxquelles ils devront être assujettis seront déterminées par le ministre, sur la proposition de la compagnie.

« Art. 19. — Les locomotives devront être en tête des trains. — Il ne pourra être dérogé à cette disposition que pour les manœuvres à exécuter dans le voisinage des stations ou pour le cas de secours. Dans ces cas spéciaux la vitesse ne devra pas dépasser vingt-cinq kilomètres par heure.

« Art. 20. — Les convois de voyageurs ne devront être remorqués que par une seule locomotive, sauf les cas où l'emploi d'une machine de renfort deviendrait nécessaire, soit pour la montée d'une rampe de forte inclinaison, soit par suite d'une affluence extraordinaire de voyageurs, de l'état de l'atmosphère, d'un accident ou d'un retard exigeant l'emploi de secours, ou de tout autre cas analogue ou spécial préalablement déterminé par le ministre des travaux publics. — Il est, dans tous les cas, interdit d'atteler simultanément plus de deux locomotives à un convoi de voyageurs. — La machine placée en tête devra régler la marche du train. — Il devra toujours y avoir en tête de chaque train, entre le tender et la première voiture de voyageurs, autant de voitures ne portant pas de voyageurs qu'il y aura de locomotives attelées. — Dans tous les cas où il sera attelé plus d'une locomotive à un train, mention en sera faite sur un registre à ce destiné, avec indication du motif de la mesure de la station où elle aura été jugée nécessaire et de l'heure à laquelle le train aura quitté cette station. — Ce registre sera représenté à toute réquisition aux fonctionnaires et agents de l'administration publique chargés de la surveillance de l'exploitation.

« Art. 21. — Il est défendu d'admettre dans les convois qui portent des voyageurs, aucune matière pouvant donner lieu soit à des explosions soit à des incendies.

« ART. 22. — Les voitures entrant dans la composition des trains de voyageurs seront liées entre elles par des moyens d'attache tels que les tampons à ressort de ces voitures soient toujours en contact. Les voitures des entrepreneurs de messageries ne pourront être admises dans la composition des trains qu'avec l'autorisation du ministre des travaux publics, et que moyennant les conditions indiquées dans l'acte d'autorisation.

« ART. 23. — Les conducteurs garde-freins seront mis en communication avec le mécanicien pour donner, en cas d'accident, le signal d'alarme, par tel moyen qui sera autorisé par le ministre des travaux publics, sur la proposition de la compagnie. (*Voir la note à la fin de la citation.*)

« ART. 24. — Les trains devront être éclairés extérieurement pendant la nuit. En cas d'insuffisance du système d'éclairage, le ministre des travaux publics prescrira, la compagnie entendue, les dispositions qu'il jugera nécessaires. — Les voitures fermées, destinées aux voyageurs, devront être éclairées intérieurement pendant la nuit et au passage des souterrains qui seront désignés par le ministre. »

Du départ, de la circulation et de l'arrivée des convois.

« ART. 25. — Pour chaque chemin de fer, le ministre des travaux publics déterminera, sur la proposition de la compagnie, le sens du mouvement des trains et des machines isolées sur chaque voie, quand il y a plusieurs voies, ou les points de croisement, quand il n'y en a qu'une. — Il ne pourra être dérogé, sous aucun prétexte, aux dispositions qui auront été prescrites par le ministre, si ce n'est dans le cas où la voie serait interceptée, et, dans ce cas, le changement devra être fait avec les précautions indiquées en l'article 34 ci-après.

« ART. 26. — Avant le départ du train, le mécanicien s'assurera si toutes les parties de la locomotive et du tender sont en bon état, si le frein de ce tender fonctionne convenablement. — La même vérification sera faite par les conducteurs garde-freins, en ce qui concerne les voitures et les freins de ces voitures. — Le signal du départ ne sera donné que lorsque les portes seront fermées. — Le train ne devra être mis en marche qu'après le signal du départ.

« ART. 27. — Aucun convoi ne pourra partir d'une station avant l'heure déterminée par le règlement du service. — Aucun convoi ne pourra également partir d'une station avant qu'il se soit écoulé, depuis le départ ou le passage du convoi précédent, le laps de temps qui aura été fixé par le ministre des travaux publics, sur la proposition de la compagnie. — Des signaux seront placés à l'entrée de la station pour indiquer aux mécaniciens des trains qui pourraient survenir si le délai déterminé en vertu du paragraphe précédent est écoulé. — Dans l'intervalle des stations, des signaux seront établis afin de donner le même avertissement au mécanicien sur les points où il ne peut pas voir devant lui à une distance suffisante. Dès que l'avertissement lui sera donné, le mécanicien devra ralentir la marche du train. En cas d'insuffisance des signaux établis par la compagnie, le ministre prescrira, la compagnie entendue, l'établissement de ceux qu'il jugera nécessaires.

« Art. 28. — Sauf le cas de force majeure ou de réparation de la voie, les trains ne pourront s'arrêter qu'aux gares ou lieux de stationnement autorisés pour le service des voyageurs ou des marchandises. — Les locomotives ou les voitures ne pourront stationner sur les voies du chemin de fer affectées à la circulation des trains.

« Art. 29. — Le ministre des travaux publics déterminera, sur la proposition de la compagnie, les mesures spéciales de précautions relatives à la circulation des trains sur les plans inclinés et dans les souterrains à une ou deux voies, à raison de leur longueur et de leur tracé. — Il déterminera également, sur la proposition de la compagnie, la vitesse maximum que les trains de voyageurs pourront prendre sur les diverses parties de chaque ligne et la durée du trajet.

« Art. 30. — Le ministre des travaux publics prescrira, sur la proposition de la compagnie, les mesures spéciales de précaution à prendre pour l'expédition et la marche des convois extraordinaires.— Dès que l'expédition d'un convoi extraordinaire aura été décidée, déclaration devra en être faite immédiatement au commissaire spécial de police, avec indication du motif de l'expédition du convoi et de l'heure du départ.

« Art. 31. — Il sera placé le long du chemin, pendant le jour et pendant la nuit, soit pour l'entretien, soit pour la surveillance de la voie, des agents en nombre assez grand pour assurer la libre circulation des trains et la transmission des signaux; en cas d'insuffisance, le ministre des travaux publics en réglera le nombre, la compagnie entendue. — Ces agents seront pourvus de signaux de jour et de nuit, à l'aide desquels ils annonceront si la voie est libre et en bon état, si le mécanicien doit ralentir sa

marche ou s'il doit arrêter immédiatement le train.
— Ils devront, en outre, signaler de proche en proche l'arrivée des convois.

« ART. 32. — Dans le cas où, soit un train, soit une machine isolée s'arrêterait sur la voie pour cause d'accident, le signal d'arrêt indiqué en l'article précédent devra être fait à cinq cents mètres au moins à l'arrière. — Les conducteurs principaux des convois et les mécaniciens conducteurs des machines isolées devront être munis d'un signal d'arrêt.

« ART. 33. — Lorsque des ateliers de réparations seront établis sur une voie, des signaux devront indiquer si l'état de la voie ne permet pas le passage des trains ou s'il suffit de ralentir la marche de la machine.

« ART. 34. — Lorsque, par suite d'un accident, de réparation ou de toute autre cause, la circulation devra s'effectuer momentanément sur une voie, il devra être placé un garde auprès des aiguilles de chaque changement de voie. — Les gardes ne laisseront les trains s'engager dans la voie unique réservée à la circulation qu'après s'être assurés qu'ils ne seront pas rencontrés par un train venant dans le sens opposé. — Il sera donné connaissance au commissaire spécial de police du signal ou de l'ordre de service adopté pour assurer la circulation sur la voie unique.

« ART. 35. — La compagnie sera tenue de faire connaître au ministre des travaux publics le système des signaux qu'elle a adopté ou qu'elle se propose d'adopter pour les cas prévus par le titre unique. Le ministre prescrira les modifications qu'il jugera nécessaires.

« ART. 36. — Le mécanicien devra porter constamment son attention sur l'état de la voie, arrêter ou ralentir la marche en cas d'obstacles, suivant les circonstances, et se conformer aux signaux qui lui seront transmis; il surveillera toutes les parties de la machine, la tension de la vapeur et le niveau d'eau de la chaudière. Il veillera à ce que rien n'embarrasse la machine du frein du tender.

« ART. 37. — A cinq cents mètres au moins avant d'arriver au point où une ligne d'embranchement vient croiser la ligne principale, le mécanicien devra modérer la vitesse de telle manière que le train puisse être complétement arrêté avant d'atteindre ce croisement, si les circonstances l'exigent. — Au point d'embranchement ci-dessus désigné, des signaux devront indiquer le sens dans lequel les aiguilles sont placées. — A l'approche des stations d'arrivée, le mécanicien devra faire les dispositions convenables pour que la vitesse acquise du train soit complétement amortie avant le point où les voyageurs doivent descendre, et de telle sorte qu'il soit nécessaire de remettre la machine en action pour atteindre ce point.

« ART. 38. — A l'approche des stations, des passages à niveau, des courbes, des tranchées et des souterrains, le mécanicien devra faire jouer le sifflet à vapeur pour avertir de l'approche du train. — Il se servira également du sifflet, comme moyen d'avertissement, toutes les fois que la voie ne lui paraîtra pas complétement libre.

« ART. 39. — Aucune personne autre que le mécanicien et le chauffeur ne pourra monter sur la locomotive ou sur le tender, à moins d'une permission spéciale et écrite du directeur de l'exploitation du chemin de fer. — Sont exceptés de cette interdiction les ingénieurs des ponts et chaussées, les ingénieurs des mines chargés de la surveillance et les commissaires spéciaux de police. Toutefois ces derniers devront remettre au chef de la station ou au conducteur principal du convoi une réquisition écrite et motivée.

« ART. 40. — Des machines dites de secours ou de réserve devront être entretenues constamment en feu et prêtes à partir sur les points de chaque ligne qui seront désignés par le ministre des travaux publics, sur la proposition de la compagnie. — Les règles relatives au service de ces machines seront également déterminées par le ministre, sur la proposition de la compagnie.

« ART. 41. — Il y aura constamment, aux lieux de dépôt des machines, un waggon chargé de tous les outils et agrès nécessaires en cas d'accident; — chaque train devra, d'ailleurs, être muni des outils les plus indispensables.

« ART. 43. — Des affiches placées dans les stations feront connaître au public les heures de départ des convois ordinaires de toute sorte, les stations qu'ils doivent desservir, les heures auxquelles ils doivent arriver à chacune des stations et en partir. — Quinze jours au moins avant d'être mis à exécution, ces ordres de service seront communiqués en même temps aux commissaires royaux, au préfet du département et au ministre des travaux publics, qui pourront prescrire les modifications nécessaires pour la sûreté de la circulation ou pour les besoins du public (1).

TITRE CINQUIÈME

De la perception des taxes et des frais accessoires.

(Ce chapitre, ne concernant que la partie des transports de marchandises, de bestiaux et d'ob-

---

(1, *Nota.* Toutes ces prescriptions s'exécutent. Mais le lecteur a déjà compris combien il importe aux voyageurs de connaître ce code si complet de l'exploitation des chemins de fer.

jets de toute nature, qui sont confiés aux compagnies de chemins de fer, nous renvoyons ceux que cela intéresse à des *recueils spéciaux*, notamment celui de *Me Charles Duverdy*, avocat, qui nous a paru le plus complet (1).

TITRE SIXIÈME

De la surveillance de l'exploitation.

(Ce chapitre règle les rapports des compagnies avec l'administration publique, et n'intéresse que médiocrement le public.)

TITRE SEPTIÈME

Des mesures concernant les voyageurs et les personnes étrangères au service du chemin de fer.

« ART. 61 : — Il est défendu à toute personne étrangère au service du chemin de fer : 1° de s'introduire dans l'enceinte du chemin de fer, d'y circuler ou stationner ; 2° d'y jeter ou déposer aucuns matériaux ni objets quelconques ; 3° d'y introduire des chevaux, bestiaux ou animaux d'aucune espèce ; 4° d'y faire circuler ou stationner aucunes voitures, waggons ou machines étrangères au service.

(1) Voir aussi le recueil annuel de M. Auguste Pinel, avocat au Conseil d'État et à la Cour de cassation, intitulé : *Jurisprudence des chemins de fer, recueil spécial des décisions judiciaires et administratives contentieuses.*

« Art. 62. — Sont exceptés de la défense portée au premier paragraphe de l'article précédent, les maires et adjoints, les commissaires de police, les officiers de gendarmerie, les gendarmes et autres agents de la force publique, les préposés aux douanes, aux contributions indirectes et aux octrois, les gardes champêtres et forestiers, dans l'exercice de leurs fonctions et revêtus de leurs uniformes ou de leurs insignes. — Dans tous les cas, les fonctionnaires et les agents désignés au paragraphe précédent seront tenus de se conformer aux mesures spéciales de précaution qui auront été déterminées par le ministre, la compagnie entendue.

« Art. 63. — *Il est défendu : — 1° d'entrer dans les voitures sans avoir pris un billet, et de se placer dans une voiture d'une autre classe que celle qui est indiquée par le billet ; — 2° d'entrer dans les voitures ou d'en sortir autrement que par la portière qui fait face au côté extérieur de la ligne du chemin de fer ; — 3° de passer d'une voiture dans une autre, de se pencher au dehors ; — les voyageurs ne doivent sortir des voitures qu'aux stations et lorsque le train est complétement arrêté. — Il est défendu de fumer dans les voitures ou sur les voitures, et dans les gares ; toutefois, à la demande de la compagnie et moyennant des mesures spéciales de précaution, des dé-*

·rogations à cette disposition pourront être auto-risées (1). — *Les voyageurs sont tenus d'obtempérer aux injonctions des agents de la compagnie pour l'observation des dispositions mentionnées aux paragraphes ci-dessus.*

Art. 65. — *L'entrée des voitures est interdite à toute personne en état d'ivresse ; — 2° à tous individus porteurs d'armes à feu chargées, ou de paquets qui, par leur nature, leur volume ou leur odeur, pourraient gêner ou incommoder les voya-geurs. — Tout individu porteur d'une arme à feu devra, avant son admission sur les quais d'embarquement, faire constater que son arme n'est point chargée.*

« Art. 66. — ..... (Marchandises.)

« Art. 67. — *Aucun chien ne sera admis dans les voitures servant au transport des voyageurs ; toutefois la compagnie pourra placer dans les caisses de voitures spéciales les voyageurs qui ne voudraient pas se séparer de leurs chiens, pourvu que ces animaux soient muselés, en quelque sai-son que ce soit* (2).

(1) Cet article fait allusion au waggon des fumeurs, qui est *facultatif* pour la compagnie. Il est à regretter qu'on ne fasse pas comme en Allemagne, en Italie, etc., où des wagons spé-ciaux portent *Hier Kant man rauchen*, ou *Pro fumare*. (Note de l'auteur.)

(2) *Avis à MM. les chasseurs*, qu'on oblige souvent, par pure

« Art. 68. — Les cantonniers, garde-barrières et autres agents du chemin de fer devront faire sortir immédiatement toute personne qui se serait introduite dans l'enceinte du chemin de fer, ou dans quelque portion que ce soit de ses dépendances, où elles n'auraient pas le droit d'entrer. — En cas de résistance de la part des contrevenants, tout employé de chemin de fer pourra requérir l'assistance des agents de l'administration et de la force publique. — Les chevaux ou bestiaux abandonnés qui seront trouvés dans l'enceinte du chemin de fer seront saisis et mis en fourrière.

TITRE HUITIÈME

Dispositions diverses.

« Art. 73. — Tout agent employé sur les chemins de fer sera revêtu d'un uniforme ou porteur d'un signe distinctif ; les cantonniers, garde-barrières et surveillants pourront être armés d'un sabre...

« Art. 75. — Aux stations désignées par le ministre, les compagnies entretiendront des médicaments et moyens de secours nécessaires en cas d'accidents.

« Art. 76. — *Il sera tenu dans chaque station*

contrariété de la part des employés, à laisser renfermer leurs chiens dans la cage attenant aux bagages, ce qui peut leur donner le mal de la rage ! On peut réclamer cette faveur.

*un registre coté et parafé, à **Paris**, par le préfet de police, ailleurs par le maire du lieu, lequel sera destiné à recevoir les réclamations des voyageurs qui auraient des plaintes à former, soit contre la compagnie, soit contre les agents. Ce registre sera présenté à toute réquisition des voyageurs* (1).

. . . .

« ART. 78. — Des extraits, en ce qui concerne les règles à observer par les voyageurs, *pendant le trajet,* devront être placés dans chaque caisse de voiture.

OBSERVATIONS *sur l'ordonnance relative à la police, la sûreté et l'exploitation des chemins de fer du 15-21 novembre 1846.*

D'après l'article 12 de ce règlement d'administration publique, *les voitures destinées aux voyageurs doivent être d'une construction solide, commodes, pourvues de ce qui est nécessaire à la sûreté des voyageurs.*

Malgré le laps de temps qui s'est écoulé depuis

---

(1) Cet article si important ne s'exécute jamais ! Aussi pourquoi ne pas obliger les compagnies à faire afficher en grosses lettres, sur un tableau ostensible, cette sage disposition, comme dans les stations d'omnibus et sur la guérite des surveillants des voitures de place ?

cette ordonnance (vingt années) est-ce que les chemins de fer sont en progrès sur ce point?

Nous avons le regret de dire, hélas! qu'on a plutôt reculé qu'avancé. Dans un ouvrage en apparence frivole, dont il est parlé dans l'*introduction*, nous avions déjà touché à cette grave question du matériel; pourquoi hésiterions-nous à le mettre de nouveau sous les yeux du public voyageur, de l'autorité administrative, et même du Corps législatif, où se prépare, dit-on, une nouvelle loi sur les chemins de fer, appelée à rectifier celle du 15-21 juillet 1845 et l'ordonnance précitée ?

Voici comment était conçu le chapitre III de la brochure intitulée : Les Inconvénients des voyages sur les chemins de fer, par un ex-chef de train (1).

III

LE MATÉRIEL ROULANT

Nous avons déjà démontré que ce qu'on nomme le matériel fixe est tout ce qu'il y a de mieux établi pour la gêne et les ennuis du voyageur. Mais cela

---

(1) Nous l'avons dit pour repousser toute idée de réclame, l'édition est épuisée et ne sera pas renouvelée. Cependant, en 1858, paraissait déjà un livre intitulé : *Tribulations des voyageurs et des expéditeurs en chemin de fer.*

est dépassé par la construction des voitures, divisées en trois classes.

Rendons grâces pourtant à l'administration publique, en France! Elle a exigé des compagnies concessionnaires la suppression de ces ignobles tombereaux découverts, que des entreprises, avides de gain et d'un égoïsme rare, ont créés chez nos voisins d'outre-mer, pour les pauvres voyageurs de la dernière catégorie, dite troisième classe.

Encore il a fallu un décret pour faire comprendre à nos compagnies *philanthropes* « qu'il y a une différence à faire *entre les hommes et les bestiaux!* »

Quelles nuances existent néanmoins encore dans ce partage du confortable entre les trois classes :
— les premières seules sont éclairées et chauffées;
— les bancs des troisièmes sont en bois dur et raboteux !

Ainsi une honnête femme, appartenant à la bourgeoisie, c'est-à-dire à cette classe moyenne qui forme la majorité en France, devra se résigner, si elle n'est pas assez riche pour prendre un billet de première, à souffrir les angoisses du froid, pendant les nuits d'hiver. Et si elle voyage *seule*, dans le jour, à passer, dans une obscurité complète, sous ces affreuses voûtes souterraines appelées *tunnels!*

A quelles entreprises *immorales* n'est-elle pas

exposée, au contact d'un commis-voyageur ou d'un individu mal élevé, que la concupiscence entraîne parfois à oublier jusqu'à sa propre dignité d'homme !

Cela vous fait frémir, vous qui avez une mère, une épouse, une sœur, que vos modiques ressources ne vous permettent pas toujours d'accompagner !

Quelques compagnies viennent, il est vrai, d'organiser un waggon de dames, mais il n'en reste pas moins l'absence du calorifère, qui est un crime permanent de lèse-humanité, et cela *pendant que la question est à l'étude !*

Quant aux voitures de première classe, quel *comfort* y rencontre-t-on, vraiment?

On y est serré, les jambes embarrassées, les parois vous empêchent même de dormir, par leur *conformité* ou plutôt leur *difformité*, soit dit sans calembour méchant.

Quelle ressource de transport, pour un malade qui va aux eaux rétablir sa mauvaise santé? On peut mourir en route de fatigue et de *mille autres inconvénients*, dont le moindre n'est pas sans doute l'insomnie.

Mais, vont objecter messieurs les administrateurs, pourquoi ne pas prendre le *waggon-lit?*

Il faut que vous sachiez, en effet, qu'en payant une voiture de première, *tout entière*, vous pouvez retenir un compartiment où il y a deux banquettes étendues, sur lesquelles le coussin n'est pas séparé. — Mais qui est-ce qui connait cette mesure *mystérieuse*, dont le public ne se doute même pas, n'en étant pas averti ?

Le *waggon-lit* ne sert que rarement aux voyageurs malades. — Mais, en revanche : M. le médecin en chef, M. le président et MM. les membres du conseil d'administration, etc., ne manquent pas de commander le *waggon-lit* au chef d'exploitation, quand ils parcourent la ligne. — Dans ce cas je recevais inévitablement l'ordre de serrer les freins ; ce qui n'avait d'ordinaire pas lieu, eût-on un mourant dans le convoi !

Primo mihi : c'est la devise des administrations de chemins de fer. Et elles en usent, bon Dieu ! d'autant plus que cela ne coûte rien...

Est-il rien d'ailleurs d'aussi absurde et incommode que le système de nos waggons et des voitures de première classe ?

Allez en Amérique, en Allemagne, en Suisse, et là vous monterez en voiture, non par le côté, sur un marche-pied tout à fait confectionné pour vous faire tomber en vous hissant à la portière, mais par un escalier qui vous conduit à une plate-forme.

Arrivé à cette plate-forme, où se trouve une fort jolie terrasse garnie d'un garde-fou, vous entrez par le milieu dans un élégant petit salon où il n'y a que six fauteuils : deux d'un côté, quatre de l'autre. Devant ces fauteuils est placé un guéridon, qui vous permet de lire, de faire votre whist, ou de prendre un repas à votre aise.

Une autre porte au milieu, faisant face à celle d'entrée et recouverte d'une glace encadrée, vous donne accès dans un waggon de deuxième classe, où vous pouvez aller vous promener et fumer, tout debout, .en lorgnant les costumes bernois et autres jolies choses à voir. — En parcourant ainsi de waggon en waggon la longueur du train, de l'arrière à l'avant et *vice versá* vous arrivez au buffet, ou à un *petit cabinet d'histoire naturelle*, dont nous aurons occasion de reparler tout à l'heure.

On conçoit le délassement pour un voyageur qui, au lieu de rester constamment assis à la même place, dans la même position gênante, les jambes enchâssées dans celles de son voisin ou de sa voisine (ce qui en parenthèse est un *shocking*), peut aller se promener, prendre l'air sur la terrasse et jouir des vues ou sites pittoresques qu'offre la route, malgré la rapidité du mouvement!

En Amérique, pays du confortable et du progrès humain, on a même construit, tout le long du convoi, une galerie qui permet d'aller de la queue à la tête et d'en faire le tour.

De cette manière vous pourriez voyager huit jours

et huit nuits sans être autant fatigué, courbaturé, enrhumé, que si vous étiez resté seulement vingt-quatre heures sur une de nos lignes, ayant coûté des milliards à établir !...

D'ailleurs cette facilité du chef de train et des autres employés d'aller et venir, en passant au milieu des voyageurs sans les déranger ou les refroidir, pour leur demander les billets, par une portière ouverte à toutes les intempéries, n'a-t-elle pas son prix autrement remarquable ?

Eût-on pu, avec ce système, assassiner si lâchement M. le président Poinsot ou le médecin russe ?

Je me souviens pourtant, dans un voyage que je fis en Suisse, et où je pus faire cette comparaison entre les deux systèmes continentaux, d'avoir entendu dire à un Allemand fanatique que cette visite fréquente des employés ressemblait à de l'*inquisition !...*

« La Suisse, s'écriait-il, est un pays libre ! Et elle a copié l'Autriche ! »

Oh ! le pauvre homme n'avait pas lu encore le récit des horribles attentats commis sur des voyageurs, dans un pays qui, lui aussi, est libre et peu ami de l'inquisition !

Avec ce système de communication d'une voiture à l'autre, on peut aussi en cas d'accident faire arrêter la machine par des moyens plus naturels et plus faciles que ces sonnettes d'alarme, ces signes télé-graphiques et électriques, que la science cherche encore.

Pourquoi, dit-on vulgairement, *sonner lés cloches quand les sonnettes suffisent?* — Pourquoi aussi *employer des sonnettes* quand il vaut mieux chercher un autre mode d'appel?

Dans d'autres circonstances la construction vicieuse des voitures fait regretter les diligences, les pataches, la galiote de Rolleboise. voire même le coche d'Auxerre.

Le mouvement rapide des trains engendre plus d'un genre d'indispositions égalant la souffrance du mal de mer, et ces indispositions peuvent se changer en de graves maladies. Ne rions pas, le sujet est à la fois plaisant et sévère.

Le temps d'arrêt, déjà si court, est souvent *escroqué* au voyageur, on vous dit : *Cinq* minutes d'arrêt, et on vous en accorde tout au plus *deux* ou *trois*. — Ayez donc le temps de réclamer?

Comment profiter de ces petits bâtiments (toujours éloignés du stationnement) destinés à droite aux hommes et à gauche *aux dames*. (L'Anglais pudique met sur la porte : *Wating room for ladies*).— Rien que cette inscription française peut empêcher le beau sexe de s'exposer aux regards curieux et indiscrets de trois à quatre cents voyageurs, plongeant à travers les châssis des portières, dans les temps d'arrêt.

On raconte même une anecdote, — je puis dire une histoire, — aussi difficile à redire qu'indispensable à insérer dans ce recueil des incommodités humanitaires.

Une dame, avec son mari, en compagnie de six voyageurs mâles, dans le même compartiment, fut soudain atteinte d'une douleur très-aiguë, que la *revalescière* guérit en moins de temps, dit-on, que l'appareil dont Pourceaugnac avait si peur du temps de Molière, où l'on ne se doutait pas encore beaucoup des chemins de fer, à ce qu'il paraît.

Cette dame se tordait sur sa banquette, en se mordant les lèvres jusqu'au sang. Attendre la prochaine station, cela demandait *une heure*, montre en main, et la dame risquait fort de s'écrier avec *Arnal*, l'acteur comique : « Il n'était plus temps ! »

Le mari, voyant cette torture, imagina un expédient prompt et héroïque : il supplia ses compagnons de voyage de regarder *en dehors*, et fit le sacrifice de son chapeau. . . . .

La malheureuse femme fut guérie subitement de ses douleurs internes.....

Mais peindre sa confusion, sa honte, bien que les deux croisées demeurèrent ouvertes jusqu'au point d'arrêt, est-ce possible, mesdames, mes lectrices, qui me reprochez sans doute, abritées derrière vos éventails, un tableau tant soit peu *shocking*. — Pardon, mesdames, pardon !

Eh bien ! dans des pays limitrophes ou en Amérique, pays sauvage à peine civilisé, il existe sur le convoi même des compartiments discrets, situés aux deux extrémités du train, à l'avant et à l'arrière, à la proue comme à la poupe du bâtiment roulant, où, sans avoir le pied marin, on peut se rendre tout en marchant à la plus grande vitesse des machines *Crampton*.

Est-ce à dire que, dans une contrée qui revendique à si juste titre le monopole de la galanterie française, de la civilisation la plus raffinée, on sacrifie la santé, la vie peut-être d'un voyageur à cette misérable *question d'argent !*

Je sais de bonne part qu'au comité du chemin de *** (devine si tu peux, ou choisis si tu l'oses), un utopiste, un songe-creux, un Salomon de Caus, eut la folle idée de proposer un système d'*inodores* dans les trains en marche.

Cette proposition fut accueillie d'un rire homérique. La lettre qui la renfermait fut renvoyée, non aux archives, mais à un lieu de circonstance ! (Les hommes du comité sont gens d'esprit, comme vous le voyez.)

En Amérique, en Allemagne, en Suisse, on a,

vous ai-je dit, la faculté de jouer aux cartes, aux échecs, aux dames, de lire, écrire même, sur un guéridon placé devant des fauteuils capitonnés, tout comme vos *ganaches* ou vos *voltaires du coin du feu*. C'est le véritable *utile dulci* des anciens.

On peut encore sur cette petite table, propre et reluisante comme un miroir, mettre une serviette et faire une collation, un *lunch* bien à propos.

Ceci m'amène naturellement à un chapitre non moins intéressant (1), car, disait *Odry* en voyant le dénoûment de la tragédie de *Jane Shore* :

« En toutes choses, il faut considérer *la faim!* »

L'article 15 exige que les locomotives, tenders et voitures de toute espèce doivent porter *un numéro d'ordre*.

Sans doute cette prescription regarde l'administration. Mais pourquoi n'en pas faire profiter les voyageurs? Au lieu de placer ce numéro sous la banquette ou le marchepied, ne serait-il pas plus logique de le placer *visiblement sur la portière*, afin que les voyageurs qui sont descendus de voitures à une station, pour y remonter, puissent retrouver immédiatement leurs places? En général, on cherche longtemps son compartiment, car les voitures se ressemblent toutes à l'extérieur, et l'on voit

(1) Les Buffets.

souvent des voyageurs se tromper à ce point qu'ils ne s'aperçoivent de l'erreur qu'une fois le train mis en marche. D'autres veulent redescendre *après le coup de sifflet, signal du départ*, et c'est ainsi qu'on occasionne des accidents dont la compagnie est responsable. *Avis à MM. les ingénieurs du matériel.*

L'article 17 porte que tout convoi ordinaire de voyageurs devra contenir, *en nombre suffisant*, des voitures de chaque classe, à moins d'une autorisation spéciale du ministre des travaux publics.

Cette disposition s'exécute sur les grandes lignes. On ajoute les voitures qui manquent, quand les voyageurs, munis de billets, arrivent en affluence.

Mais, pour les petites lignes de banlieue, souvent on refuse des places! C'est une contravention dont le commissaire de surveillance doit être averti par le public, *qui a droit de partir, quand il prend son billet, avant la fermeture du guichet de la buraliste.* Une fois le nombre de billets dépassé, on n'a qu'à sonner, et le bureau se ferme. Il n'y a donc aucun prétexte possible pour refuser au voyageur qui se présente une place dans le convoi en partance.

Puisque nous en sommes sur les petites lignes de banlieue, nous demanderons aux compagnies d'où vient ce *laisser-aller* qu'on témoigne aux voyageurs des environs de Paris?

Le matériel dont on se sert sur ces lignes est, en général, *vieux et usé* : le confortable manque.

Voici pourquoi :

Le matériel *neuf* sert aux *grandes lignes*.

Plus tard on le relègue sur les *lignes secondaires*. Quand il se fait trop vieux, on le met sur les lignes *intermédiaires*.

Enfin, quand ce matériel ne vaut plus rien du tout, on le *rapièce*, comme une vieille chemise, et on le place *sur les lignes de banlieue*.

Donc une voiture, un waggon subit *quatre degrés* pour son service. Une dame qui habite Passy, femme d'un *Passysien* des plus spirituels, me disait un jour, en se plaignant de ce manque d'égards pour les habitants de la banlieue de Paris : le matériel, c'est comme les saisons; celui de la grande ligne, c'est le *printemps*; celui de la ligne secondaire, *l'été*; celui de la ligne intermédiaire, *l'automne*. Mais nous, pauvres déshérités de la capitale, on nous a réservé le matériel de *l'hiver!*

Cette dame avait dit là une grande vérité!

Enfin l'article 23 parle du signal d'*alarme*.

Depuis l'assassinat du président Poinsot, du médecin russe, les incendies, etc., on cherche encore ce moyen si simple de faire arrêter le convoi.

On a bien indiqué *cent procédés* pour cela. Mais les compagnies n'ont qu'un argument pour les repousser : c'est qu'il appartiendra à un mauvais plaisant de faire arrêter le convoi pendant quelques minutes !

S'il vaut mieux *laisser périr trente personnes!* qu'on le dise franchement, et la question sera vidée !

Depuis le règlement d'administration publique ci-dessus, le gouvernement a souvent modifié par des arrêtés ministériels, des circulaires, etc., la police, la surveillance, la sûreté et l'exploitation des chemins de fer.

La meilleure de ces modifications est celle qui met à la charge de l'État le traitement de certains fonctionnaires publics exerçant la surveillance sur les chemins de fer, et grâce à cette législation, le public s'aperçoit bien que ces employés sont beaucoup *plus polis, plus empressés, et, plus fréquemment que par le passé, à leur poste de surveillance !*

Sans nul doute la législation sur les chemins de fer a fait des progrès sensibles depuis trente ans. Mais nous savons, de bonne source, que le conseil d'État prépare pour la session de 1867 une loi plus efficace sur la répression des accidents des chemins de fer.

III

JURISPRUDENCE

ACCIDENTS

AFFAIRE DU CHEMIN DE FER DE LA RIVE GAUCHE

Événement du 8 mai 1842.

Le 8 mai 1842, au départ de Versailles, à cinq heures et démie, le convoi devait être seulement remorqué par *l'Éclair*, locomotive à six roues. Mais à l'instant du départ, l'affluence des voyageurs augmentant, le chef de gare Lamoninari fit ajouter des waggons, par derrière, et placer en tête de *l'Éclair* le *Mathieu-Murray*, locomotive à quatre roues.

Le convoi partit, composé ainsi qu'il suit :

5.

Le Mathieu-Murray, locomotive montée par son mécanicien Dupin, par son chauffeur Tissier, et extraordinairement par Georges ;

L'Éclair, monté par son mécanicien Bontemps, par son chauffeur Guerpin, et extraordinairement par M. de Milhau ;

Dix-sept voitures, savoir : deux waggons découverts de trente places ; trois diligences de quarante-six places ; neuf waggons couverts de quarante-huit places ; trois waggons à frein de quarante-six places.

En supposant toutes ces places occupées, ce qui n'a pu être exactement vérifié, mais ce qui est plus que vraisemblable, puisqu'on a fait descendre d'un waggon et qu'on a laissé à la gare les enfants de Georges, pour faire place au public, le nombre des voyageurs aurait été de sept cent soixante-huit, plus les employés de l'administration, au nombre de neuf.

Le convoi venait de passer sous le pont situé entre la station de Bellevue et la borne portant huit kilomètres ; quelques secousses réitérées, dont la cause était alors inconnue, jettent une tardive alarme ; *le Mathieu-Murray* franchit encore sans obstacle le passage de niveau qui coupe la route départementale n° 40, dite du Pavé-des-Gardes ; seulement, il atteint et renverse, en passant, la guérite et la cabane du garde-barrière Carbon ; puis il va s'abattre contre le talus de gauche. Sa roue motrice gauche et l'avant de son châssis pénètrent dans le talus. La violence de l'obstacle et du choc arrête subitement le convoi ; l'*Éclair* arrivant derrière, de toute la force de sa vapeur contrariée et de l'élan du convoi, mais sans suivre la déviation de gauche qu'a prise *le Mathieu-Murray*, brise les deux essieux du tender de cette première machine, en défonce la caisse et la projette sur la gauche, hors la voie, dans l'intérieur de l'angle formé par le croisement de la voie de fer avec la route n° 40.

Placé entre la résistance du talus et cette nouvelle secousse, *le Mathieu-Murray* se couche sur le flanc droit, sa petite roue de droite dans le fossé, son foyer sur la voie.

L'Éclair, dont les roues gauches, dont la roue du derrière, du moins, monte sur cet obstacle, verse à droite de la voie sur le flanc droit ; mais le mouvement que reçoit encore sa partie d'arrière, dont la petite roue est engagée dans *le Mathieu-Murray*, fait que, dans la dernière position qu'elle prend sur le sol, sa tête est obliquement ramenée dans la direction de Versailles.

L'angle que forment les trains d'arrière et les foyers des deux machines barre la voie. Le tender de *l'Éclair* brisant son attelage, franchit l'obstacle, et suivant la projection de gauche à droite, imprimée par *l'Éclair*, va tomber, dans sa position naturelle, sur la voie de départ de Paris, à huit ou dix mètres en avant, sans autre dommage qu'un essieu forcé.

Le premier waggon découvert franchit encore dans la même direction ; il va tomber en se brisant sur le flanc droit, et verse au pied du talus de droite des voyageurs plus ou moins contusionnés que cette chute préserve de l'horrible destruction qui va s'accomplir derrière eux.

Cependant l'élan s'amortit : le deuxième waggon découvert ne franchit qu'incomplétement les machines ; son arrière-train reste suspendu sur elles, tandis que l'avant-train porte en avant à terre, sur les charbons enflammés qu'ont répandus les foyers renversés des deux machines. Le premier waggon couvert s'élève et se pose en entier sur cette base, qui va devenir un foyer d'incendie. Le deuxième waggon couvert, qui est la quatrième voiture, après avoir enfoncé, de sa barre d'attelage, la boîte à fumée de *l'Éclair*, s'intercale encore dans cet échafaudage, dont l'élévation finit par n'être pas moindre de *dix mètres*.

Enfin, le poids du convoi lancé, pressant toujours avec violence les voitures, qui, comme la diligence qui suit, ne parviennent plus à gravir ce sommet placé devant elles, viennent s'écraser pour ainsi dire contre lui. Les parois se rejoignent, les banquettes intérieures se rapprochent presque entre elles, et broient les jambes des voyageurs qu'elles emprisonnent ainsi, *non moins que les portières fermées à clef des voitures* (1).

Tout cela se passe avec moins de temps qu'il n'en faut pour le dire. Bientôt les charbons répandus sur le sol communiquent le feu aux voitures amoncelées; la peinture qui les enduit, et plus encore, *les vêtements des victimes*, en développent les progrès, avec une effroyable rapidité. En dix minutes, il a irréparablement envahi tout ce qui est venu toucher à son foyer : l'eau bouillante et la vapeur, qui s'échappent des machines brisées, mêlent leurs ravages à ceux des flammes et produisent les plus horribles blessures!!!

On ne fut maître du feu qu'à neuf heures du soir!

Voici, sur les causes de cette catastrophe, ce qui

______

(1) Une chose qui nous a toujours surpris, c'est que, dans le cours du procès considérable dont les détails vont suivre, il n'a jamais été question de cette circonstance, de la *fermeture à clef des waggons*.

Tout ce que l'auteur peut dire à ce sujet, c'est qu'un mois avant ce funeste événement, un Anglais s'était précipité hors d'un waggon sur le chemin de fer de Versailles (rive droite). L'auteur, se trouvant le soir même de l'accident dans un salon, demanda à l'honorable *M. Émile Pereire* pourquoi on laissait ainsi une portière ouverte aux individus que le *spleen* poussait au suicide. — « Parce que, répondit M. Pereire, nous préférons laisser un fou se tuer que d'exposer tous les voyageurs à la mort, *si un malheur arrivait*. »

est résulté des expertises auxquelles on s'est livré :

Le Mathieu-Murray, c'est un point vérifié, a conservé jusqu'à sa chute complète ses deux roues de devant, maintenues par leurs plaques de garde. Quand on a relevé cette machine, ses deux roues se sont retrouvées, l'une sous *le Mathieu-Murray*, l'autre sur le *talus*, vis-à-vis la plaque de garde, d'où elle venait de s'échapper.

Mais cette locomotive, avant de franchir le passage de la route n° 40, avait perdu son essieu qui s'était brisé de chaque côté à fleur du moyeu des roues, et qui était tombé sur la voie entre les deux rails. Dès que cet essieu eut été ainsi trouvé, quelques heures après le sinistre, on dut attribuer à sa rupture la cause première du désordre dans la marche du convoi. En effet, les experts ont déclaré que l'événement est dû à la rupture du ressort, au déraillement des roues extérieures et à la rupture de l'essieu droit : de ces faits ils tirent de *fortes inductions d'un excès de vitesse* qui, en imprimant à la locomotive des oscillations verticales pour lesquelles elle n'a pas été construite, ont déterminé la rupture du ressort.

Les experts ajoutent, qu'à leur avis, cet accident a été aggravé par le jeu de la plaque de garde, qui, au lieu d'être limitée, comme à l'ordinaire, à sept ou huit centimètres, a pu baisser à vingt-huit centimètres. Ce défaut de construction, auquel il était facile de remédier au moyen d'un point d'arrêt placé entre le dessous de la plaque et le dessus de la boite à graisse, aurait puissamment concouru à la désorganisation du système.

Trente-neuf cadavres ont été relevés sur le lieu même de l'accident; sept d'entre eux étaient susceptibles d'être reconnus; on les a transportés à la Morgue. Ce sont MM. :

Droitecourt, négociant, demeurant à Paris, rue Mauconseil, 24;

Peysselon et la dame Peysselon, son épouse, de Lyon, demeurant à Paris, rue des Bons-Enfants, 19;

Antoine Greffeuille, rue de Charonne, 23, à Paris;

La dame Marlin, rue Saint-Dominique-Saint-Germain, à Paris;

Henri Bouchard, élève de l'École des beaux-arts, rue du Pot-de-Fer, 1, à Paris;

Ces six cadavres ont été reconnus. Le septième ne l'a pas été : c'était celui d'un homme paraissant âgé de trente-cinq ans.

Les trente-deux autres cadavres étaient réduits à l'état de carbonisation le plus avancé. Les médecins ont eu à s'expliquer sur trente et un. La mort, chez les uns, était la suite d'un *écrasement du corps ;* chez les autres, le résultat *de l'asphyxie par la brûlure.*

Sur ces trente-deux cadavres, dix ont pu être reconnus malgré l'horrible état où ils étaient réduits. Ce sont **MM.** :

Dumont-d'Urville, *contre-amiral, demeurant à Paris, rue des Petits-Augustins ;*

Madame Dumont-d'Urville ;

Jules Dumont-d'Urville, âgé de quatorze ans ;

Veuve Mignot, rue Mauconseil, 24 ;

Philippe Lepontois, âgé de quarante-neuf ans, négociant à Lorient ;

Auguste Lemarié, peintre, à Paris ;

Paul Lefrançois de Driouville, âgé de dix-neuf ans, demeurant à Saint-Germain-en-Laye ;

Marie-Henriette Hetzer, âgée de treize ans, demeurant rue de la Vieille-Draperie, à Paris ;

Louis Kaiser, ébéniste, rue du Cherche-Midi, 33, à Paris.

Il restait vingt-trois cadavres dont l'identité matérielle était devenue impossible à saisir ; mais il en est vingt et un dont la présence dans le fatal convoi a été constatée par la découverte d'objets trouvés dans les débris, et dont la disparition est certaine. Ce sont :

La dame Troup, des environs de Nancy ;

Chevardès, de Béziers, qui accompagnait cette dame;

La demoiselle Élisa Morlet, de Moy (Aisne);

Gosset, concierge des Folies-Dramatiques;

Pierre Bruneau et sa femme;

Adolphe Duranton, de Chailley (Yonne);

Charles de Kystpoter, de Cassel;

Alphonse Comte, de Cheminat (Isère);

Émile Toulmouche, âgé de seize ans;

Paul-François Gouirand, vingt-neuf ans, commis de commerce, à Marseille;

Auguste Apiau, dix-neuf ans;

Pascal Clément, né à Gap;

Adolphe Sicard, marchand de draps;

Antoine Matheron, dix-neuf ans, né à Lyon;

Georges, chef des mécaniciens;

Dupin, mécanicien;

Tissier, chauffeur (montés tous trois sur LE MATHIEU-MURRAY);

Bontemps, mécanicien, monté sur L'ÉCLAIR;

Mauviel, conducteur du cinquième waggon à frein;

Décès présumés : *François Boulet, dix-huit ans, ébéniste;*

Louis-Laurent Schmitter, vingt ans, tailleur;

Total, *trente-neuf décès !*

Décédés par suite de leurs blessures. — A L'HOS-

PICE NECKER : *La dame Jacob Becker, vingt-six ans, marchande de rouenneries,* à *Rouen* (8 mai); — *Joseph Drioche, marchand de draps, rue du Bouloi,* 9 (11 mai); — *Henri Prévost, quarante-cinq ans, rue Saint-Étienne,* 7 (11 mai); — *la dame Vaillant, née Cécile Duranton, vingt-neuf ans, rue de Bretagne,* 55 (15 mai);

A LA PITIÉ : *Emile Guichard, vingt-deux ans, rue Saint-Hyacinthe-Saint-Michel,* 37 (12 mai);

A L'HOTEL-DIEU : *Victor Serus, rue Croix-des-Petits-Champs, hôtel de l'Univers* (14 mai);

Décédés à leur domicile : *Henri-Gilles Gaudrain, rue Notre-Dame-des-Champs,* 55 (10 mai); — *la demoiselle Marie-Catherine-Laure Colas, trente-quatre ans, rue Saint-André des-Arts,* 61 (19 mai); — *Albinet père, soixante-quinze ans, rue de la Vieille-Estrapade,* 17 (11 mai); — *la dame Albinet, née Cécile Masson, rue Servandoni,* 29 (26 mai); — *Albinet (Louis), soixante ans, rue de la Vieille-Estrapade,* 17 (5 juillet); — *la dame Caillée, soixante-dix ans, domiciliée à Tours, demeurant à Paris, cour Batave,* 9 (2 juin);

TOTAL GÉNÉRAL DES DÉCÈS, CINQUANTE-CINQ !!!

Le nombre des blessés qui ont survécu se monte à CENT NEUF !!!

Les *victimes* de la catastrophe du 8 mai présen-

tent donc un total de cent soixante-quatre personnes!!!

Les six personnes dont les noms suivent sont
traduites devant le tribunal comme prévenues d'homicide par imprudence :

M. Jules Bourgeois, administrateur délégué et
de service;

Bordet, directeur provisoire;

Henri, chef du mouvement et chef de gare, à
Paris;

Bricogne, ingénieur civil, directeur du matériel;

Lamoninari, chef de gare, à Versailles;

De Milhau, inspecteur du service;

Nota : La chambre du conseil avait déclaré *n'y
avoir lieu à suivre* contre les membres du conseil
d'administration, primitivement mis en cause, et qui
ne restaient plus dans le procès, que comme *civilement responsables des dommages-intérêts* qui pourraient être alloués aux parties civiles (1).

Passons aux débats :

____

(1) V. *la Gazette des Tribunaux* des 21-22 novembre 1842

TRIBUNAL CORRECTIONNEL DE PARIS

(7ᵉ *Chambre.*)

PRÉSIDENCE DE M. PERROT DE CHEZELLES

(Audiences des 22, 23, 24, 25, 29 novembre, 1ᵉʳ, 2, 3 et
10 décembre 1842.)

Une demi-heure à l'avance, l'enceinte de la
7ᵉ chambre s'était remplie d'une foule considérable,
composée de membres du barreau, de curieux, des
parties civiles, de parents des victimes et des témoins, au nombre d'environ cinquante. On remarque
aussi dans l'auditoire, avec une douloureuse émotion,
quelques blessés amputés à la suite de la catastrophe.

Au pied du tribunal sont les deux roues en fonte
du *Mathieu-Murray* et l'essieu en fer forgé qui,
en se brisant, a été la première cause de l'horrible
événement. Sur le bureau est un modèle en petit de
cette locomotive. Ce modèle a une longueur d'environ 40 centimètres.

Les prévenus, au nombre de six, comme on l'a
vu plus haut, sont tous présents. M. de Milhau, inspecteur de service, marche à l'aide de deux béquilles : il a eu un bras et une jambe fracturés sur
l'Éclair !

Mᵉˢ *Paillet, Liouville, Jules Favre, Crémieux,*

Emmanuel Arago, *Maud'heux* et *Desmarest*, se présentent pour les parties civiles.

Les défenseurs des prévenus sont : Mes *Philippe Dupin*, *Chaix d'Est-Ange*, *Bethmont* et *Giraud*.

Nous n'entreprendrons pas le complet récit de ces tristes et mémorables débats : un volume y suffirait à peine ! Nous ne donnerons que les parties les plus saillantes d'un *compte-rendu* qui, désormais, pour l'histoire de la jurisprudence, en cette matière, n'offre plus d'intérêt que les décisions de la justice et les conséquences qu'on peut tirer de ce funeste accident, dont les circonstances avaient été jusqu'alors inconnues en France (pour le bien de l'humanité) et pour la douleur morale que durent en ressentir ceux qui n'avaient plus à encourir *qu'une responsabilité pécuniaire !*

Ce précédent horrible *devait servir d'enseignement à la science, à la surveillance de l'administration supérieure, aux mesures de précautions à prendre par les compagnies concessionnaires*, qui allaient établir des voies ferrées sur un vaste réseau, en France ! *L'avertissement a-t-il été salutaire ?...*

Hélas ! les faits subséquents et les arrêts de la justice répondent, *depuis un quart de siècle*, à cette question : Non !!!

Livrons donc, sans plus de commentaires, les décisions de notre magistrature, noble et impartiale, en tous temps, *au jugement de l'opinion publique*, car elles contiennent dans leurs motifs, si clairement exposés, le résumé de l'attaque et de la défense dans ces mémorables débats.

A l'audience du 29 novembre, *Me Liouville*, avocat des parties civiles, prend le premier la parole en ces termes :

« Messieurs, si le siècle où nous vivons doit l'emporter par quelque point sur ceux qui l'ont précédé, ce sera, sans aucun doute, par ses découvertes dans les sciences et dans les arts industriels.

« Il faut mettre au premier rang de ces découvertes l'application de la vapeur au transport des hommes et des marchandises; car il n'est pas difficile de prévoir que cette invention doit amener à sa suite une révolution complète dans les relations et les mœurs des peuples, et c'est prophétiser à coup sûr que de dire qu'elle changera la face du monde entier.

« Nous n'avons pas, messieurs, à examiner dans cette enceinte si cette révolution sera plus utile que nuisible, et si elle augmentera ou diminuera le peu de bonheur que Dieu à réservé à l'humanité; mais, pour n'être pas aussi étendue, notre tâche a cependant sa gravité et sa grandeur, car nous avons à rechercher avec vous si la catastrophe qui a marqué l'un des premiers pas, en France, de cette merveilleuse invention est l'effet de l'imprudence des hommes, ou si, au contraire, il faut la considérer comme l'inévitable escorte des tentatives de l'industrie, et s'y soumettre comme une calamité à laquelle on a été fatalement conduit?

« Si nos adversaires parvenaient à prouver que l'événement du 8 mai n'a pu être ni prévu ni empêché, ils auraient de leurs mains créé le plus grand obstacle à l'établissement des chemins de fer; car il faudrait en conclure qu'aujourd'hui encore, que demain, qu'après-demain, que toujours, les voyageurs qui les adoptent seront exposés à un danger pareil!

« Et avec cette condition, dites-moi quel père de famille sera assez hardi pour confier sa personne, celle de ses enfants, aux hasards homicides que chaque waggon porterait dans son sein?

« Que si, au contraire, il est prouvé par nous que l'imprudence des hommes a seule causé cet irréparable malheur, alors la science et l'industrie sont lavées de tout reproche; alors on apprend qu'à l'aide de quelques précautions les chemins de fer offrent autant et peut-être plus de sécurité que les voies ordinaires. Leurs immenses avantages brillent alors à tous les yeux, et le consentement universel applaudit à leurs futures destinées. C'est là, messieurs, j'ose le croire du moins, ce qui ressortira de ce procès. Vous y verrez la faute des hommes, vous les punirez, et votre sentence qui, par ce salutaire avertissement, protégera dans l'avenir la vie des citoyens, raffermira l'industrie au lieu de l'ébranler; car elle lui montrera par quelles faciles précautions elle peut marcher avec sécurité dans la vaste carrière ouverte à ses progrès.

« Recherchons donc les causes de l'événement du 8 mai, et, dans ce but, essayons d'en saisir et d'en retracer quelques détails. »

Après cet exorde, *Me Liouville* retrace avec rapidité le terrible événement du 8 mai; puis, arrivé aux traits de courage et de dévouement qui ont marqué cette fatale journée, il continue en ces termes :

« Je manquerais à mes devoirs et aux plus doux sentiments de mon cœur si, en retraçant à vos yeux cette scène de désolation, je n'ajoutais que jamais le courage et le dévouement n'éclatèrent avec plus de spontanéité que dans cet instant suprême, et qu'un grand nombre de voyageurs dut la vie aux efforts de quelques citoyens généreux, attirés par cet affreux spectacle ! Vous en avez vu paraitre à votre barre; vous avez vu, vous avez admiré en eux cette modestie touchante, plus belle et plus rare encore que le courage. A Rome, on leur eût décerné des couronnes civiques; en France, on n'a même pas songé à décorer leur poitrine du signe de l'honneur, réservé sans doute à de meilleurs services. Permettez donc, hommes généreux, que les défenseurs des victimes et de leurs familles vous adressent de publiques félicitations, et qu'ils disent hautement, dans le temple de la justice, que vous avez bien mérité de la patrie !... »

Me *Liouville* ajoute aux moyens du fond : « Quand on proposa aux chambres deux chemins de fer pour conduire de Paris à Versailles, tous les hommes sages réclamèrent. Un chemin, disait-on, suffira ; des deux concurrents, l'un sera écrasé infailliblement, et il n'était pas difficile de désigner quel serait le vainqueur. On persista, et on me permettra de croire que l'intérêt public ne fut pas le mobile exclusif de ceux qui persistèrent, et dès lors de ne pas considérer l'intérêt général comme compromis si ce chemin venait à disparaître.

« Mais quand l'intérêt public exigerait la conservation du chemin, les condamnations que vous allez prononcer ne peuvent porter le moindre préjudice à qui que ce soit. Vous comprenez parfaitement que ce n'est pas *M. Henri, M. Bourgeois, M. de Milhau*, malade, blessé et intéressant par sa position, que vous voudriez atteindre ; c'est la compagnie, c'est le *chemin de fer de la rive gauche*. »

Puis, après avoir développé sa demande en dommages-intérêts et rappelé les épouvantables malheurs arrivés à ses clients, Me *Liouville* dit en finissant sa plaidoirie :

« Voilà, messieurs, les victimes que nous amenons au pied de votre tribunal.

« Ce ne sont pas, messieurs, je le sais, les émotions de la sensibilité qu'il faut écouter sur vos siéges, c'est le cri de la justice, le cri de la vérité. Oubliez donc, s'il le faut, ces infortunés que rien ne peut consoler ! Ne voyez que le fait, et rappelez-vous que l'imprudence a consisté principalement dans deux circonstances avérées, à savoir : le choix *d'une machine défectueuse, l'excès de vitesse* qu'on lui a imprimé.

« Demandez-vous la cause de cette double imprudence, et vous la trouverez *dans l'insuffisance des machines des waggons* et dans *l'incurie des administrateurs et de leurs subordonnés.*

« Lorsque, dans l'instruction, j'ai lu ce mot fatal « *que l'état où se trouvait la compagnie* « *était maintenu à titre d'expérience,* » je ne sais, mais il m'a semblé que cela était impossible, tant cela était immoral ! Puis, convaincu par mes yeux, je me suis rappelé ce malheureux, couché sur un grabat qu'entouraient des empiriques : — « Qu'allons-nous faire ? disaient ceux-ci, dans une « langue qu'ils croyaient inconnue du patient : *Quid*

« *faciamus ? — Faciamus experimentum reme-*
« *dii nostri in animâ vili..... »*

« Ici l'expérience a été faite et poussée jusqu'au
bout !...

« Les malheureuses victimes n'ont pu arrêter
leurs expérimentateurs, en leur criant, comme le
malade de la fable : « *An ne anima vilis pro
quâ Christus mortuus est ?... »*

« Mais ils attendent une réparation ; ils espè-
rent que de leurs os sortira le vengeur, et que ce
vengeur sera la Justice. »

Me Jules Favre prend ensuite la parole au nom
de quatre victimes de l'accident, qui se sont portées parties civiles. Il cherche à établir, par toutes
les circonstances qu'ont révélées l'instruction et les
débats, la part d'imprudence qui doit être imputée
aux administrateurs ; il déclare à son tour que son
intention n'est pas de s'en prendre aux six prévenus qui figurent dans la prévention, mais à la compagnie, qui seule peut réparer le mal qui a été fait
par sa négligence et son incurie.

A l'audience du 30 novembre, *M. de Royer*,
avocat du roi, se lève et commence en ces termes (1) :

« Après les plaidoiries si complètes, si métho-
diques que vous avez entendues hier, et qui ont

(1) On aime à se rappeler, au bout de vingt-cinq ans, les débuts des hommes remarquables.

rendu à cette affaire son véritable caractère, per-
mettez-nous, en commençant, au milieu des luttes
qu'ont subies les démonstrations de l'instruction, au
milieu des efforts légitimes qu'on a employés à se
défendre, de dire qu'on n'a pas pu enlever à l'affaire
le caractère de simplicité qu'elle comporte, permettez-
nous aussi de dire qu'au point de vue judiciaire elle
n'a rien perdu de sa gravité.

« Encore sous la première impression de ce fatal
événement, n'attendez pas de nous que nous vous en
fassions un tableau romanesque et passionné. Que
pourraient nos paroles auprès de l'inspection des
malheureux mutilés qui sont venus à cette audience
vous raconter leurs blessures, et d'autres blessures,
plus grandes encore, parce qu'elles sont irréparables?
Vous et nous, messieurs, devons surtout nous préoccuper d'une chose, c'est de nous défendre de l'en-
traînement des émotions, si puissantes dans une
affaire de cette nature, pour rentrer impartialement
dans l'examen des faits, des causes, et surtout des
fautes des prévenus.

« Pour nous pénétrer de cette pensée, ou plutôt
pour l'accomplir, nous nous sommes défié de nous-
même, de nos impressions, de nos émotions; nous
avons voulu que cette audience fixât irrévocablement
les détails de cette triste nuit, non pas avec les
termes techniques, mais avec le procès-verbal, et,

comme je vous le disais, je me suis défié des entraînements de la parole. Permettez-moi donc de demander au procès-verbal de l'événement le récit froid, détaillé, impartial de cette épouvantable catastrophe. »

Après cet exorde, M. l'avocat du roi retrace un exposé de l'accident. . . . .

. (Cet exposé si clair ne serait *qu'une répétition de tout ce qui précède*, et ce n'est pas le cas du *bis repetita placent*.)

Après cet exposé, M. l'avocat du roi de Royer entre dans le détail des morts et des blessés, et des moyens dus aux hasards qui ont permis de reconnaître, à l'exception de deux, tous ceux qui avaient succombé et qui étaient défigurés. Puis le ministère public, dans une discussion pleine de force et de lucidité, recherchant les causes de l'événement, pense qu'il y a des causes matérielles, immédiates, et des causes morales, lointaines, imputables à l'administration. Les premières de ces causes, M. l'avocat du roi les trouve dans l'exposition des désordres constatés dans les machines; les secondes, dans les fautes commises par l'administration, à qui l'on doit reprocher *plus que des négligences, plus qu'une inobservation des règlements, mais d'énormes imprudences!*

Ces imprudences, M. l'avocat du roi les trouve

dans l'insuffisance du matériel, qui ne permettait pas de faire un service si considérable ; dans *le mauvais état et les défauts du Mathieu-Murray*, dans l'emploi des *machines à quatre roues*, système réputé mauvais, et abandonné par les chemins de fer de la Belgique et de l'Angleterre ; abandonné également sur le chemin de fer de la rive droite : dans ce fait, ressortant des débats, que le *Mathieu-Murray* ne devait pas servir le 8 mai, et qu'il a *brusquement remplacé la Seine qui avait éprouvé des avaries dans la nuit ; dans l'accouplement de deux machines ;* dans le placement du *Mathieu-Murray, locomotive à quatre roues, en avant de l'Eclair, locomotive à six roues* qui, plus forte que l'autre, devait nécessairement la pousser ; enfin à *la vitesse excessive* du convoi, vitesse nécessitée par *l'insuffisance des waggons pour un jour de grande fête,* où, comme le 8 mai, *soixante waggons sur soixante-neuf, sont partis de Versailles pour Paris en une heure !* ce qui nécessitait leur prompt retour à Versailles pour les départs suivants.

Arrivant à la part que chacun des prévenus peut avoir dans l'événement, le ministère public soutient la prévention contre *MM. Bordet, Bricogne* et *de Milhau.* Il s'en rapporte à la prudence du tribunal en ce qui concerne *MM. Henry* et *Lamoninari,* qui, par leur position, n'ont pu prendre aucune initiative dans les décisions du service du 8 mai, et n'ont fait qu'obéir aux ordres qu'ils avaient reçus. Il requiert, en conséquence, contre les quatre premiers inculpés, l'application de l'article 319 du Code pénal; il déclare requérir, avec regret, contre *M. de Milhau* qui, bien que blessé grièvement, a montré un courage, une énergie et un dévouement dont il pense que le tribunal devra lui tenir compte pour l'application de la peine.

M. l'avocat du roi de Royer termine ainsi son réquisitoire, qui a été écouté avec la plus religieuse attention :

« Voilà l'affaire tout entière, messieurs; les causes de l'événement sont des faits graves; je ne les résumerai pas, je craindrais d'abuser de l'attention bienveillante que vous m'avez accordée et dont je vous remercie.

« Je ne fais pas appel à l'exagération des circonstance du moment; mais permettez-moi de vous dire, non par flatterie pour vous, non par importance pour nous, que votre jugement doit avoir une grande portée, une grande signification, un grand retentissement, et que jamais vous n'en aurez à rendre un qui mérite plus toutes vos méditations. *Les compagnies de chemins de fer doivent être averties* (1); *certes,*

____

(1) Cet avertissement date de vingt-cinq ans! Qu'a-t-il produit? Nous allons le voir plus loin.

il convient de les protéger, il faut se lier aux progrès de l'industrie; mais il faut les avertir, autant dans l'intérêt public que dans leur propre intérêt.

« Dans une manufacture, messieurs, alors que l'on n'agit que sur un matériel inanimé, on peut, afin d'augmenter ses produits, donner beaucoup à l'aventure; mais quand on agit sur un personnel vivant, il faut voir autre chose que la spéculation. Il ne faut pas entièrement la négliger, sans doute; mais à côté du bénéfice, auquel on doit raisonnablement songer, il faut s'entourer de toutes les précautions de la prudence, afin que, si jamais un malheur arrive, on puisse se présenter devant la justice, le front haut, et lui dire : « Voilà ce que nous avons fait. » Mais nous devons l'espérer, messieurs, *un pareil événement ne se représentera plus chez nous!* Nous n'arriverons pas à ce terme où sont parvenus les États-Unis où l'on ne fait aucun cas de la sécurité des citoyens, et où *l'on balaye des voyageurs sur sa route* (1).

(1) Le ministère public disait grandement vrai, et quelle que soit la gravité du sujet, je ne puis manquer de citer une anecdote *gaie*, qui fait involontairement *frémir d'horreur!* On raconte qu'un convoi de chemin de fer marchant avec une lenteur désespérante, chose si rare en Amérique, les voyageurs impatientés s'informèrent auprès du chef de train de la cause de ce défaut de vitesse. — « La machine est usée, dit le conducteur. — Jusqu'à quand doit-on s'en servir ? réplique un des interrogateurs.

« En France, nous saurons rester dans les conditions de l'humanité, tout en courant avec ardeur au-devant du progrès!

« Je dois, messieurs, rassurer vos consciences sur ce qui a été dit à propos de ce triste procès. On a dit que si vous condamniez, il ne se rencontrerait *plus d'hommes capables et honorables* qui voulussent se mettre à la tête d'une administration de chemins de fer; mais les compagnies comprendront qu'à côté des employés les conseils d'administration devront se faire représenter, non par des hommes plus dignes, plus honorables que *M. Bourgeois*, mais par des hommes qui, plus que lui, aient fait de cette industrie leur étude spéciale.

« Voilà, messieurs, ce que vous aurez à vous dire. Ne vous laissez pas préoccuper par un sentiment d'effroi; plusieurs fois ces craintes ont été publiées. On a dit aussi, à propos des sociétés commerciales et des poursuites dont quelques commanditaires ont été l'objet, que votre sévérité amènerait la ruine de toutes les sociétés! Vous ne vous êtes pas émus de ces plaintes, et la fièvre de la commandite, qui avait fait tant de mal, qui pouvait encore en faire tant encore, a disparu. Vous avez été bénis, messieurs, et la magistrature vous a remerciés du service que vous

---

— *Jusqu'à ce qu'elle saute*, reprend le fonctionnaire. » — Voilà du *stoïcisme* digne des *Yankees*!

avez rendu à la cause publique, à l'honnêteté publique.

« Loin de moi la pensée d'assimiler à ces procès le procès qui vous occupe aujourd'hui. Il n'y a aucune comparaison possible à faire, car, *ici, la moralité ne peut être mise en jeu dans la question.*

« Quant aux dommages-intérêts, messieurs, jamais il n'y eut de cause où vous deviez les appliquer avec plus de prudence. Sans doute il y a eu des fautes commises, et, en principe, vous devez les punir et réparer le mal qu'elles ont fait. Mais vous avez deux bases à examiner : vous devez vous attacher à ce qui a pu être prévu, et à ce qui est irréparable; à ce qui est, comme le disait *Domat*, de l'ordre divin, et à ce qui est la faute des hommes. Parmi les malheurs qui ont retenti dans cette enceinte, il en est qu'il n'est pas en votre pouvoir de consoler, de réparer : qu'accorderiez-vous, par exemple, pour l'irréparable perte de M. DUMONT-D'URVILLE? Il ne laisse pour famille qu'un cousin éloigné : la science seule aurait le droit de se plaindre, et la science ne le fera pas. Que pourriez-vous accorder *à M. Apiau*, qui, souffrant, mutilé, est venu ici *vous redemander son fils mort, vous présenter son second fils défiguré?*... Ce sont là des malheurs déplorables, messieurs; vous les déplorerez avec nous, mais vous ne les réparerez pas! . . . . »

M. de Royer se rassied au milieu des émotions de tout l'auditoire.

A l'audience du 1er décembre 1842 la parole est donnée à *Me Bethmont* pour les prévenus :

« Messieurs, dit le défenseur, je n'ai pas besoin de vous dire que cette cause est grande; elle a occupé beaucoup de mes jours, et toutes les fois que j'y songe je sens mon courage défaillir. Depuis longtemps j'éprouvais le besoin de me trouver en face de la justice. *Devant elle, tous les morts se redressent, et contre eux je suis incapable de me défendre!* Le 8 mai fut un jour bien fatal. Dans cette foule qui était allée à Versailles pour y trouver le plaisir et qui revenait chercher les joies de la famille, la mort s'est abattue! Elle a pris ses victimes dans toutes les classes, parmi les savants, parmi les artistes; elle a frappé partout, sans distinction! Quand l'humanité est atteinte par tant de côtés, quand les pertes sont si grandes, quand tant de tombes sont ouvertes, le désespoir veut se venger; la vengeance semble être pour l'humanité une loi de conservation que la Providence a mise dans tous les cœurs. On crie vengeance contre les employés du chemin de fer, et moi je dis qu'ils ne sont pas coupables pour avoir *laissé cinq des leurs sur le champ de bataille!* Et telle est la difficulté de ma tâche que, quand la passion prend sa source dans une douleur si légitime, je n'ai pas d'armes contre elle! Quand je vois un père qui vient, en pleurant, vous redemander son fils, comment voudriez-vous que je vinsse lui dire qu'il a tort! D'autres douleurs sont là! Transportez-vous sur le théâtre du sinistre, vous y verrez qu'un homme y a fait élever une chapelle, et l'on est venu vous dire qu'il avait changé le lieu de l'événement!

« Ainsi toutes les passions se sont donné rendez-vous dans cette enceinte, et vous avez vu des actionnaires s'emparer de la catastrophe pour attaquer l'administration. Vous les avez sagement écartés de ces débats.

« Mais que d'autres demandent des réparations pour leurs irréparables souffrances !

« Ces difficultés ne sont pas les seules : on a consulté la science; elle a partagé l'émotion publique, et elle a dit : « *La cause du sinistre est là.* » Et la science, plus calme, plus refroidie, se rétracte, comme pour vous faire douter d'elle-même, de telle sorte que sa puissance a disparu de la cause.

« Ainsi tout est difficulté. Mais j'ai confiance en vous, messieurs. J'ai affaire à des adversaires redoutables; il m'a fallu subir plus d'un talent ; c'est la conséquence des luttes de ce genre; il n'est pas une passion qui n'ait rencontré son écho !

« A côté de ces passions, un grand devoir a été rempli : le ministère public s'est transporté au chevet des victimes ; il a vu les mourants, les blessés ; il leur a dit : « *Vous serez vengés !* » et il tient sa promesse à tous ceux qu'il a vus mourir.

« Ma raison m'abandonne quand je suis sur ce triste sujet. Mais, permettez-moi de vous l'assurer, *on n'a pas voulu faire une expérience sur des hommes !* Les mots cruels ne nous ont pas été épargnés, et malgré des intérêts sacrés, peut-être eût-on dû nous faire grâce *de ces mots qui flétrissent le bonheur de toute une vie !* »

(Ici l'émotion qui a fait trembler la voix de Me *Bethmont* pendant cette première partie de son exorde ne peut plus se contenir, il verse des larmes, et il est forcé de s'arrêter quelques instants.) . . . .

« Pardonnez-moi, messieurs, reprend Me *Beth-mont*, j'ai des détails qui m'enlèvent ma raison, et j'ai besoin de la conserver tout entière pour combattre l'accusation. Je trahirais les intérêts de la cause que je défends, si j'abordais ce sujet lamentable !... *Ces morts-là me reviennnent toujours à la pensée !...* »

Me *Bethmont* s'arrête de nouveau. M. le président l'engage à prendre quelques instants de repos.

— Merci, monsieur le président, dit Me *Beth-*

mont, je vais m'efforcer de repousser ces douloureuses pensées, et je vais me hâter d'entrer dans la
discussion.

« *M*ᵉ *Bethmont* commence en donnant lecture
de l'ordre du service établi pour le 8 mai, et il en
tire cette conclusion que toutes les précautions possibles avaient été prises, et que l'on avait prévu le
nombre des départs.

« L'article 12, dit le défenseur, défendait aux
ouvriers, aux employés de sortir de la gare ; on
avait commandé pour eux un repas extraordinaire,
qui leur avait été apporté là ; on avait prescrit le
nombre de freins à mettre aux convois ; on avait
recommandé la plus grande prudence.

« *M. Perdonnet* était venu à la gare de Paris ;
il voulait voir partir le convoi ; il voulait tout surveiller. Le soir arrive, et, sans y être obligé, par
excès de zèle, sachant que les voyageurs allaient à
Versailles, il s'y rend avec *M. Bourgeois*. Tous les
employés sont à leur poste ; il voit *Georges*, le mé-
canicien-chef, monter sur sa machine. *Georges n'é-
tait pas obligé de partir*, mais il fallait un employé
extraordinaire, parce qu'il y en avait un pour chaque
convoi, et *Georges part officieusement. M. Perdonnet* serait parti plus tard, *M. Bourgeois* serait
parti plus tard, toujours officieusement, et tous deux

pouvaient être atteints comme *Georges*, le plus habile de tous.

« Quand on eut rendu les cadavres à la terre;
on fit une enquête sur les faits : M. le procureur
du roi était là à partir de huit heures et demie du
soir. Nous verrons quelles circonstances il a pu y
recueillir : cela a une grande importance dans la
cause... »

(Ici *M*e *Bethmont* entre dans les détails de cet
immense procès, et, disons-le, le célèbre et regretté
avocat reste (*même dans les détails techniques*) à
la hauteur de son éloquence : ce fut son triomphe au
palais, disent ses contemporains.)

... Puis *M*e *Bethmont* ajoute à cette remarquable
plaidoirie :

« Vous le voyez, l'accident a été funeste, il a été
fatal; c'est un de ces décrets de la Providence que
toute la sagesse humaine ne pouvait ni empêcher ni
prévoir.

« Ma tâche est finie, messieurs; il ne me reste
en terminant, qu'à résumer en peu de mots ce que
'ai dit, et à en faire l'application à chacun des inculpés... »

(Après ce résumé, il termine ainsi :)

« *Nous avons vu périr cinq des nôtres, et des
meilleurs, et parce que nous ne sommes pas morts
comme eux, nous avons été renvoyés en police*

correctionnelle! Et s'ils n'étaient pas morts, ils auraient été, comme nous, renvoyés en police correctionnelle! Pourquoi? nous ne le savons pas; nous ne comprenons pas quelles ont été leurs fautes, comme nous ne comprenons pas quelles ont été les nôtres? Ah! comment voulez-vous, après cela, que nos mécaniciens remontent sur leurs machines? Hé quoi! vous abandonnez à une société qui entre dans la civilisation, vous abandonnez à une société qui a dit : « *L'industrie sera ma « reine,* » vous lui abandonnez un des plus énergiques moyens d'action qui soient au monde; un moyen dont l'énergie même doit entraîner avec elle des dangers inévitables, et vous allez dire à ce mécanicien qui va la mettre en œuvre, à ce soldat de tous les jours, le public ne le sait pas, qui, tous les jours, est exposé le premier à ces dangers, vous allez lui dire : « *Meurs à ton poste; car si tu ne « meurs pas, tu seras, comme de Milhau, ra- « massé sanglant et meurtri sur le champ de ba- « taille, traduit et condamné en police correc- « tionnelle!* »

« Non, ce n'est pas là la société comme je la conçois. Nos pères mouraient sur les champs de bataille; ils y mouraient avec gloire; ils y mouraient pour des territoires, je ne sais pourquoi. Et ous, nous cherchons notre gloire et nos conquêtes dans l'industrie ; nous lui demandons notre gloire, nos grandes destinées. L'homme a combiné l'eau et le feu ; il s'est dit : « De cette nouvelle puissance, « je ferai l'âme de mon industrie ! » Alors il a fait à cette âme un corps digne d'elle ; il lui a donné des organes de cuivre, d'acier et de fer, et l'homme a eu sa machine à vapeur ! Il s'est dit encore : « Cette « machine va traverser les mers ; je veux les fran- « chir ; emporte-moi !... » Et la machine obéit à l'homme, et elle traverse l'immensité des mers !

« Un jour, *le Président* (1) s'abîme : la vapeur a trahi son maître, l'esclave a brisé ses fers !

« Un autre jour, c'est une population tout entière qui quitte la capitale pour aller visiter la ville des magnificences royales du grand siècle ; elle va re- venir à Paris ; elle va dire à la vapeur : « Emporte- « moi rapidement vers les joies de la famille ! » *La vapeur trahit son maître ;* elle fait périr de nom- breuses victimes, et parce que l'esclave a encore une fois brisé ses chaînes, il faudra des procès et des condamnations ! Ah ! si vous voulez triompher, rési- gnez-vous aux sacrifices qui amènent et assurent le triomphe. Toute conception a son travail et sa dou- leur. Vous ne pouvez profiter des immenses avan- tages de là vapeur, qu'en supportant les fardeaux

(1) Paquebot américain qui a disparu dans l'Océan à cette époque.

qu'elle vous impose et les chances qui sont ses fidèles compagnes !

« Vous nous ferez justice, messieurs !... »

Me Camille Giraud présente ensuite la défense de *M. de Milhau*; il commence par déclarer que, bien que son client ait été mêlé par l'accusation dans les faits généraux, il considère la cause de la compagnie et de ses agents comme trop bien défendue par la brillante plaidoirie de *Me Bethmont* pour y revenir. La compagnie, suivant l'avocat, ni aucun de ses agents ne sont responsables du fatal événement du 8 mai.

Me Emmanuel Arago réplique à *Mes Bethmont et Giraud* en faveur des parties civiles.

Le 3 décembre 1842, *M. l'avocat du roi de Royer* prend aussi la parole pour répliquer à la plaidoirie de *Me Bethmont* que nous venons d'analyser.

Le ministère public déclare qu'il ne rentrera pas dans les faits relatifs aux personnes, mais qu'il répondra un mot à ce qui a été dit la veille par le défenseur des inculpés, car, dit M. l'avocat du roi, les argumentations de *Me Bethmont* ne sont pas de celles qu'on doive laisser de côté. (Ici le ministère public rentre dans la discussion qu'il avait soutenue dans son réquisitoire si remarquable ; il cherche à établir *l'excès de vitesse*, *l'insuffisance du matériel*, *le défaut d'une sage prévoyance*.)

M. l'avocat du Roi dit, en terminant cette réplique : « Je crois, messieurs, avoir répondu à tout. Les condamnations que nous vous avons demandées, nous vous les demandons de nouveau. Souvent. nous sommes forcés de requérir contre les conducteurs de voitures qui ont, par imprudence, occasionné un malheur : s'ils voyaient le chemin de fer sortir de cette enceinte avec un acquittement, n'auraient-ils pas le droit de dire que la justice a deux poids et deux mesures? Souvent, aussi, nous avons demandé des condamnations contre les messageries, elles viendraient vous dire : *Il y a donc un bill d'indemnité pour les chemins de fer?* Non, messieurs, vous ne le voudrez pas. On vous a demandé une *amnistie* au nom de l'industrie, et nous, nous sommes en position de vous dire que cette amnistie ne peut être accordée. Ce n'est pas la première fois que les lois se trouvent en présence des intérêts les plus respectables. On vous a parlé de progrès, d'expériences, faites-les pour vous-mêmes. nous vous en remercierons; mais, quand vous conduirez des hommes qui ne veulent pas, eux, être *des explorateurs*, nous vous en demanderons compte.

« Le progrès, messieurs, c'est la sage combinaison des tentatives du génie et du frein salutaire de la loi. S'il en est autrement, en politique, en industrie, vous allez en aveugle, et plus tard, trop tard souvent, vous vous en apercevez. Voilà comment on dégoûte les populations, et comment on retarde de vingt ans le progrès auquel on a voulu arriver. Par bonheur la loi est là ; la loi qui veille pour tous et qui ne veut pas de folles tentatives qui finissent par devenir des tentatives criminelles !

« On vous a dit hier : — Le magistrat qui a instruit cette affaire est allé au chevet des mourants, et leur a dit — *Rassurez-vous, vous serez vengés !* Non, messieurs, nous n'avons pas tenu ce langage. Oui, nous avons vu les mourants ; oui, nous les avons consolés ; oui, nous avons pleuré avec eux ; mais à la vue de ce douloureux spectacle, nous n'avons pas eu, un seul instant, la pensée de la vengeance. Au milieu des devoirs que nous avions à remplir, malgré notre titre dont nous sommes fiers, nous n'étions que des hommes, alors brisés par les émotions qui vous dominaient vous-mêmes, alors que vous retraciez le déchirant tableau de l'événement. Ne dites pas que nous avons été entraînés par le cœur, et que la raison nous a fait défaut ; nous écoutons souvent notre cœur pour défendre, jamais pour accuser. Nous écoutions notre cœur quand nous rendions justice à l'admirable conduite *de M. de Milhau !* Nous écoutions notre cœur quand nous intervenions entre l'administration et *M. Apiau*, pour lui affirmer *qu'on n'avait pu lui soustraire le cadavre de son fils*. Et ici le cœur était d'accord avec la raison.

« On vous a parlé de conquêtes, messieurs, on vous a parlé de couronnes; nous dirons à nos adversaires : Nos couronnes, nos conquêtes, à nous, ne sont pas comme les vôtres, elles n'ont pas le même retentissement, la même gloire, la même popularité; elles sont pénibles toujours, souvent douloureuses, mais nous n'y apportons d'autre passion que la recherche de la vérité et de la justice, et c'est en leur nom que nous persistons dans la prévention . . . . »

Après des observations présentées par *Me Bérit*, *Me de Belleyme*, avocats des parties civiles, *Me Philippe Dupin* prend la parole pour répliquer au nom de tous les prévenus :

« Messieurs, dit *Me Dupin*, il est des événements si extraordinaires et si cruels, qu'ils ont la puissance et le droit d'émouvoir les cœurs, d'exalter les imaginations, d'ébranler les esprits, et de faire vaciller la raison elle-même.

« Telle est l'affreuse catastrophe du 8 mai.

« Au premier moment elle a jeté dans le pays une sorte de stupeur; elle a fait naître une colère spontanée, instinctive, irréfléchie, sans vérification de cause et de motifs.

7.

« Aujourd'hui encore elle ne peut laisser froids et indifférents ceux qui reportent sur elle leur pensée. Ce souvenir émeut, avec les victimes, ceux qui demandent pour elles des vengeances et des indemnités, et jusqu'à ceux qui combattent d'exorbitantes prétentions. Vous en avez eu la preuve dans l'émotion de cette âme généreuse qui échauffe un beau talent.

« Aussi, nos habiles adversaires ont compris tout le parti qu'ils pouvaient tirer de ce puissant moyen de perturbation sur les esprits.

« Les parties civiles se sont efforcées de jeter dans leurs paroles les émotions du drame ; elles ont évoqué contre nous l'ombre des victimes du 8 mai ; elles ont demandé des colères à.la justice et se sont écriées avec le poëte : *Exoriri aliquis nostris ex ossibus ultor !* Le ministère public lui-même, dont les pensées ont été si nobles et le talent si remarquable, a commencé par le triste inventaire des victimes du 8 mai ! Comme si c'était là le procès !

« On voulait en quelque sorte ébranler notre courage, en plaçant en avant du champ de bataille cette avenue de deuil qu'il nous fallait traverser, et en jetant un portique sanglant devant le sanctuaire de la justice.

« On espérait peut-être encore plus : on se flattait que l'émotion de vos nobles cœurs vous ôterait la fermeté habituelle de vos esprits, et que votre impartiale logique fléchirait devant vos commisérations.

« Non, messieurs, il n'en sera pas ainsi.

« Au fatal événement que nous déplorons tous, des regrets et des larmes.

« Mais à la justice ses droits, ses devoirs et l'impassibilité qu'elle ne doit jamais quitter ; aux principes leur légitime empire ; à la vérité son irrésistible puissance.

« Là se trouvent notre appui, notre soutien, nos espérances, et mes convictions me disent que ces espérances ne seront pas trompées. »

Après cet exorde, M⁰ Dupin rentre dans la discussion des faits et circonstances du procès. Il déclare qu'il n'attaquera ni la science, ni les intentions des experts, mais qu'il prouvera qu'ils n'ont mis en avant que deux conjectures. « Or, messieurs, dit le défenseur, la conjecture, c'est le doute, et le doute, c'est un acquittement. »

Dans une discussion approfondie et *technique*, le digne frère du savant M. le baron *Charles Dupin* s'efforce de prouver, par le rapprochement des paroles et des raisonnements des experts, que l'événement est de force majeure. « Tout cela, messieurs, dit M⁰ Dupin, c'est le chaos, vous l'avez reconnu vous-mêmes. Hé quoi ! vous reconnaissez que c'est le chaos, et vous venez demander une condamnation ! »

(Nous ne suivrons pas l'orateur dans cette brillante argumentation, où son talent le fait s'assimiler à la science mécanique, les bornes de cet ouvrage ont aussi leur restriction, et nous le regrettons pour les hommes d'art et de science.)

Me Dupin termine ainsi : « Dans le malheur que nous déplorons, messieurs, ne voyons que les conséquences inévitables de tout progrès. Celui qui a inventé la navigation a préparé les naufrages; celui qui a inventé la poudre s'est soumis aux explosions; le gaz n'a-t-il pas déjà amené de terribles catastrophes ?

« Mais l'homme est ainsi fait, il veut franchir l'espace, il demande à la vapeur de le conduire d'un bout du monde à l'autre, et il ne veut pas se soumettre aux conséquences de son œuvre ! Ah ! soyons plus intelligents; et à côté des bienfaits que nous réserve l'industrie, sachons comprendre les dangers qu'elle traîne après elle..... »

Après *dix audiences* de plaidoiries, le prononcé du jugement est remis à la huitaine.

TRIBUNAL CORRECTIONNEL DE PARIS

(7ᵉ *chambre.*)

PRÉSIDENCE DE M. PERROT DE CHEZELLES

Audience du 10 décembre 1842.

JUGEMENT. — « Le Tribunal, etc...

« Attendu que, dans le système de la prévention, la catastrophe du 8 mai serait due aux circonstances et faits suivants : le déraillement et la rupture de l'essieu droit et de l'un des ressorts de la machine le *Mathieu-Murray*, l'insuffisance du matériel de la compagnie, le mauvais état et le système du *Mathieu-Murray*, son accouplement avec une autre locomotive de force inégale, enfin la vitesse excessive imprimée au convoi; faits et circonstances qui seraient tous imputables aux prévenus;

« En ce qui concerne le déraillement et la rupture de l'essieu droit et du ressort;

« Attendu que ni les experts, ni les ingénieurs ou autres témoins, dans leurs dépositions, n'ont pu déterminer d'une manière certaine l'ordre dans lequel se sont opérés ces divers accidents; que, *même sur ce point qui a divisé entre eux les hommes de la science, il n'a été émis que des opinions conjecturales; d'où il suit que le tribunal reste dans le doute à cet égard*, et n'en saurait tirer aucune induction contre les prévenus, quand il est d'ailleurs établi par une constatation unanime des experts et des ingénieurs que le ressort et l'essieu brisés étaient de bon fer, bien confectionnés et susceptibles encore d'un long service;

« Sur l'insuffisance du matériel :

« Attendu que, d'après les données de la science au moment de la catastrophe, le système de cette locomotive ne saurait être incriminé, et qu'en considérant *le Mathieu-Murray* dans sa constitution particulière, *il n'est pas établi* pour le tribunal que cette machine fût réputée mauvaise et présentât des causes de danger, ni qu'elle ait été fatiguée outre mesure par l'administration, ou qu'elle ait dépassé ni même atteint dans la journée du 8 mai la limite d'un service habituel d'une locomotive; qu'enfin elle a été achetée d'un fabricant habile et expérimenté, qui en a confectionné beaucoup d'autres en tout point semblables, contre lesquelles il ne s'est élevé ni plaintes ni réclamations, et dont l'usage est encore aujourd'hui permis en France et à l'étranger;

« Attendu, quant au mode d'attelage, qu'il était depuis longtemps en usage et qu'il ne saurait être imputé aux prévenus, puisque, sur ce point, les hommes de la science *sont encore aujourd'hui divisés;*

« *Sur la vitesse excessive :*

« Attendu qu'à cet égard les témoignages recueillis *manquant de concordance et de précision,* qu'il n'en résulte point preuve suffisante que le convoi ait eu une vitesse de nature à déterminer ou aggraver l'accident; et qu'au surplus, en supposant même ce dernier point établi, il faudrait rechercher s'il pourrait être reproché aux prévenus, et que, sous ce rapport, la prévention ne serait point non plus justifiée;

« Attendu sur les dommages-intérêts réclamés, qu'il ne peut être statué sur les actions civiles par les tribunaux de police correctionnelle qu'accessoirement à l'action publique, et qu'aucun délit n'étant constaté, il n'y a point lieu de s'occuper des demandes à cet égard;

« Par ces motifs, renvoie tous les prévenus des fins de la prévention et condamne les parties civiles *aux dépens.* »

Appel de ce jugement fut interjeté par le ministère public et les parties civiles devant la chambre des appels de police correctionnelle de la cour de Paris.

Les débats commencèrent le 26 avril 1843, à l'audience présidée par M. le président Simonneau, par le rapport d'usage.

Après avoir entendu, le 27 avril, *Me Liouville*

et M. l'avocat général *de Thorigny*, *M*e *Arago* et *M*e *Dupin*; le 28 avril, les répliques; le 29 avril, M. l'avocat général et *M*e *Dupin*, l'affaire fut renvoyée au 6 mai pour la prononciation de l'arrêt.

Le dit jour 6 mai 1843, la Cour rendit un arrêt *confirmatif*, dont voici néanmoins les principales dispositions :

« En ce qui touche le chef de prévention fondé sur l'insuffisance du matériel :

« Considérant que le nombre des waggons et des machines de la compagnie de la rive gauche était suffisant pour le service ordinaire de l'entreprise;

« Que, quant aux jours de fête extraordinaire, l'administration y avait pourvu, notamment le 8 mai, au moyen de convois spéciaux, chargés de ramener les waggons vides, selon les besoins du service;

« Considérant qu'aucune loi ni aucun règlement n'impose à l'administration l'obligation d'avoir un nombre déterminé de waggons et de locomotives, et de recevoir tous les voyageurs qui se présentent;

« Que c'est seulement à elle à prendre, dans ces cas extraordinaires, toutes les mesures de précautions commandées par les circonstances;

« Qu'ainsi, sous ce rapport, il n'y a point de faute à imputer aux prévenus, ni par suite à l'administration civilement responsable;

« En ce qui touche le chef de prévention fondé sur la vitesse et l'accouplement de locomotives :

« Considérant que, s'il est dans la nature et les nécessités des communications par la vapeur de marcher avec rapidité, il est du devoir des individus qui dirigent ce mode de transport, de ne pas déployer une vitesse telle qu'elle mette dans l'impossibilité d'obvier aux accidents qui pourraient survenir, et d'en arrêter les conséquences par les moyens que fournit l'état de la science ;

« Considérant qu'il importe également de prendre en considération les conditions d'organisation des convois auxquels cette vitesse est imprimée pour en apprécier le caractère et déterminer si elle constitue ou non un acte d'imprudence ;

« Considérant qu'il résulte de l'instruction et des débats, et notamment des dispositions des nombreux témoins qui étaient, soit dans le convoi, soit sur les bords du chemin, ou même de témoins au service de l'administration , que la rapidité du convoi était excessive ;

« Considérant que cette rapidité s'exerçant sur un convoi de dix-sept waggons, qui renfermaient plus de sept cents voyageurs, pesant cent soixante mille kilogrammes, et descendant une pente de 0^m004 m., était déjà, à raison de ces premières circonstances, un acte d'imprudence ;

« Considérant que cette imprudence était encore rendue plus dangereuse par le mode d'attelage des deux locomotives; qu'en effet *le Mathieu-Murray*, machine faible et difficile à conduire, avait derrière elle *l'Éclair*, machine puissante qui donnait de la vapeur et pressait la marche, et qui n'a cherché à agir en sens inverse qu'au moment même de l'accident;

« Considérant que c'est à cet excès de vitesse, dans ce concours de circonstances, qu'est due la catastrophe, puisqu'il a rendu insuffisants pour la prévenir les moyens de ralentissement et d'arrêt dont pouvaient disposer les conducteurs;

« En ce qui touche les autres griefs, et notamment ceux résultant de l'état et de l'emploi du *Mathieu-Murray* en lui-même, de l'insuffisance des freins et la fermeture des waggons;

« Considérant que la responsabilité pénale de l'événement doit appartenir à ceux qui ont ou ordonné ou imprimé au convoi l'excès de vitesse reproché, et qu'il y a lieu d'examiner quelle serait la part de culpabilité ou de complicité de chacun des prévenus dans le fait constitutif du délit. »

(Ici la Cour examine les charges accusatrices contre chacun des prévenus *Bourgeois, Bordet, Henri, Bricogne, de Milhau* et *Lamoninari*, et ajoute dans son arrêt :)

« Considérant qu'il résulte de tout ce qui vient d'être dit *que, si l'imprudence qui a occasionné le délit poursuivi a été déterminée par le fait d'employés de l'administration, il ne peut être attribué à aucun des prévenus en cause ;*

« En ce qui touche les dommages-intérêts et la responsabilité civile :

« Considérant que l'action civile n'est que l'accessoire de l'action publique, et que lorsqu'aucune peine n'a été appliquée les tribunaux correctionnels *sont incompétents* pour statuer sur les réclamations civiles ;

« Par ces motifs, met l'appellation au néant ; ordonne que ce dont est appel sortira son plein et entier effet, et *condamne les parties civiles aux dépens.* »

OBSERVATIONS. — Cet arrêt, nous nous le rappelons, fut accueilli par un sentiment public de satisfaction universelle. En effet, tout en soupirant pour l'acquittement de malheureux employés, victimes eux-mêmes du fatal événement du 8 mai 1842, chacun se demandait si toutefois la justice n'avait pas à sévir, sinon contre des individus, au moins contre *l'être moral,* c'est-à-dire la compagnie concessionnaire à qui incombait la responsabilité de si cruels incidents de son exploitation privilégiée.

Plus le monopole est étendu, plus il doit imposer d'obligations à ceux qui l'exercent.

Il n'était donc que juste de frapper sur l'administration qui avait par impéritie, peut-être même par un système d'économie mal entendu, et pour s'assurer de plus forts bénéfices, *spéculé* sur un matériel insuffisant.

Mais si l'heure de la justice avait sonné, celle de la loi était encore en retard, comme on va le voir plus loin; et la magistrature, renfermée dans un cercle étroit, ne pouvait alors faire autre chose que ce qu'elle a fait.

La 1re chambre du tribunal civil de la Seine fut saisie d'un grand nombre de demandes en dommages-intérêts dirigées par les victimes ou les parents des victimes du déplorable événement du 8 mai contre la compagnie du chemin de fer de Paris à Versailles (rive gauche), et contre M. Fould et autres, administrateurs de cette compagnie, en leur nom personnel.

L'une des principales victimes de ce désastre, *M. Apiau*, forma une demande en *cent cinquante mille francs* de dommages-intérêts. « En effet, *dit la Gazette des Tribunaux du* 20 *mai* 1843, la Cour royale, par l'arrêt susdaté et rapporté, *infirmant* le jugement de première instance, *tout en acquittant les prévenus*, a reconnu qu'il y avait eu imprudence, et que la vitesse notamment avait été excessive. Le tribunal donc a apprécié les demandes en dommages-intérêts à lui soumises, à raison de l'imprudence commise par les administrateurs du chemin de la rive gauche dans la fatale journée du 8 mai.

Le 19 mai 1843, *M*ᵉ *Liouville*, prenant la parole pour *M. Apiau*, soutint cette action en dommages-intérêts pour ce malheureux père de famille qui, *mutilé* qu'il était pour le reste de ses jours, avait eu la douleur *de voir périr son fils aîné, de vingt ans ; son jeune fils, horriblement défiguré*, et dans un état tel, disait l'avocat, *que son père et sa mère en étaient réduits à souhaiter sa mort !*

*M*ᵉ *Liouville* soutenait, en droit, qu'il est juste, quand un homme confie ses biens, sa personne, sa famille à une entreprise de transports, que cette entreprise rende tout intact à la fin du voyage. C'est ce que le Code admet pour les marchandises, en cas de perte ou d'avaries. c'est au voiturier à prouver qu'il y a eu vol ou force majeure.....

*M*ᵉ *Liouville* soutenait, en fait, qu'il y avait eu un traité entre *MM. Fould, Léo*, etc., *et la compagnie*, par lequel traité MM. Fould et Léo s'étaient obligés à fournir le matériel, c'est-à-dire *toutes les machines.*

*M*ᵉ *Liouville* donna lecture d'une lettre adressée

au ministre des travaux publics à l'appui de son système de plaidoirie, et finissait en disant aux juges (*pour M. Apiau*) : « *Vous jugerez si cent cinquante mille francs de dommages-intérêts vous semblent trop élevés en présence d'un tel malheur ?* »

Me **Bethmont**, avocat à la compagnie du chemin de fer, combattit cette demande en dommages-intérêts.

L'avocat soutenait que, si dans l'arrêt de la cour de Paris il y avait *un préjugé* aux yeux du monde, ce préjugé n'existait pas pour le juge. Il s'attachait surtout à démontrer, en la forme, qu'il y avait lieu *à jonction de toutes ces causes* tendant au même but, vu qu'il était impossible d'ordonner vingt-huit enquêtes sur les vingt-huit demandes différentes soumises au tribunal, et soutenait aussi qu'il y avait utilité et presque nécessité à ordonner une seule enquête.

Au fond, Me **Bethmont** s'étonnait d'un moyen nouveau plaidé en appel ; il s'élevait contre l'assimilation, qu'il appelait *presque insolente*, de l'homme et de la matière, et repoussait cette théorie qui tendait à mettre les compagnies de chemins de fer en présomption d'homicide...

A l'audience suivante, Me *Liouville* répondait : « L'industrie n'a rien à craindre, ce n'est pas à elle que nous nous adressons. Nos adversaires ne sont pas des industriels, ce sont des spéculateurs, des marchands de places, des hommes d'argent. Ils sont à l'industrie ce que sont les hôteliers à l'hospitalité. Ils sont aux industriels véritables ce que, dans les beaux-arts, les brocanteurs de tableaux sont à *Delaroche*, à *Ingres*, à *Vernet*; ce que, dans l'art dramatique, les marchands de contre-marques sont à *Rachel* et à *Talma*. La science et les savants, l'industrie et les industriels sont donc en dehors de ce procès, qui se résume à ceci : je vous ai confié, en vous payant, ma vie et mes membres, rendez-les-moi intacts ou payez-les-moi. »

A cette même audience du 2 juin 1843, le tribunal civil de première instance de la Seine, présidé par *M. de Belleyme*, son président, rendit, sur l'incident soulevé par les divers défendeurs, un jugement ainsi conçu :

« En ce qui touche la demande *en jonction* des causes;

« Attendu qu'elle n'est point utile à la manifestation de la vérité; qu'elle n'est point dans l'intérêt bien entendu des parties; que les demandes diverses étant étrangères les unes aux autres ne sont pas connexes selon les termes de la loi; qu'ainsi il n'y a pas lieu à jonction;

« En ce qui touche les conclusions des parties de Bethmont développées contradictoirement à l'audience ;

« Attendu qu'elles ne sont pas susceptibles d'une décision préalable, puisqu'elles rentrent dans les éléments d'appréciation pour le jugement du fond ;

« Attendu qu'il est reconnu par toutes les parties qu'il peut être utile de recourir aux pièces de l'instruction criminelle ;

« Dit qu'il n'y a lieu à joindre les causes ; et, sans qu'il soit besoin de statuer, quant à présent, sur le surplus des conclusions des parties *de Bethmont ;*

« Dit qu'il sera plaidé au fond, et, à cet effet, continue la cause à quinzaine, pendant lequel les pièces de l'instruction seront apportées au greffe du tribunal, à la diligence de M. le procureur du roi, dépens réservés. »

Au fond : Après avoir entendu la défense de la compagnie et des administrateurs, présentée de nouveau par *M*es *Philippe Dupin* et *Bethmont*, les répliques de *M*e *Liouville* pour *M. Apiau*, les plaidoiries et observations de *M*es *Jules Favre, Hello, Madier de Monjau* et *Borel*, au nom des familles des victimes, et M. l'avocat du roi, *Meynard de Franc*, dans un remarquable réquisitoire concluant au rejet de la demande en dommages-intérêts, plaidoyers et réquisitoires que nous regrettons vivement de ne pouvoir reproduire dans un livre trop restreint pour cette complication de débats contradictoires et cette lutte de talents si élevés, le tribunal rendit enfin, le 4 août 1843, un jugement dont voici le texte :

« Le tribunal,

« Attendu que l'instance introduite par le sieur Apiau, l'une des victimes de la catastrophe du 8 mai 1842, offre à résoudre une question grave de responsabilité, dont la solution doit être recherchée non dans les considérations d'humanité et d'infortune qu'a fait valoir la demande, ni dans les considérations de progrès social et d'avenir des chemins de fer qu'ont présentées les défendeurs, mais bien, et exclusivement, dans la loi appliquée à des faits constants, et, en outre, dans l'appréciation des causes auxquelles le sieur Apiau attribue son malheur ;

« En principe :

« Attendu que tout dommage causé par le fait d'autrui, soit *in faciendo*, soit *in omittendo*, donne lieu à réparation, et que l'imprudence, la négligence et l'omission servent de base légale à l'action en dommages-intérêts, au même titre qu'un fait positif dont la victime aurait à se plaindre ;

« Attendu que l'on peut même soutenir avec l'orateur du Tribunat, qui a poussé aux dernières limites la portée des articles 1382 et 1383, que la réparation est due, s'il y a faute ou imprudence, quelque légère que soit leur influence sur le dommage commis; mais qu'il faut se hâter d'ajouter avec le même orateur, qu'il n'y a plus lieu à réparation quand ce dommage n'est que l'ouvrage du sort, dont chacun doit supporter les chances;

« Que ces principes sur la responsabilité nous viennent de la loi romaine, qui proclamait qu'aucune réparation n'était due dans le plus grand désastre quand la force majeure était constatée, ainsi que l'absence de toute faute : *Magnâ vi cogente nullâ interveniente culpâ.* (V. la loi 29 et surtout la loi 49, *ad legem Aquiliam*, titre II, livre IX, au Digeste.)

« En fait,

« Attendu que les documents du procès mettent hors de doute ce point, à savoir : que la catastrophe du 8 mai a eu son point départ et sa cause génératrice dans la rupture de l'essieu du *Mathieu-Murray;*

« En ce qui touche les causes auxquelles le sieur Apiau attribue son malheur :

« Attendu que toutes les parties ont fourni dans la cause, tant en demandant qu'en défendant, toutes les preuves qu'elles avaient à l'appui ou contre des faits articulés;

« Qu'ainsi il serait sans objet d'examiner jusqu'où

devait aller la preuve à fournir par la victime, et où commençait pour les défendeurs l'obligation de prouver à leur tour;

Qu'en effet, et dans l'état actuel de l'instance, il y a lieu à réparation si les faits articulés par Apiau sont prouvés;

« Qu'il y a lieu, au contraire, de décharger de l'action les défendeurs s'ils ont détruit les faits articulés, et repoussé les faits signalés;

« Attendu que les griefs imputés aux défendeurs, et qu'il importe d'apprécier séparément, sont :

« 1° L'insuffisance du matériel;

« 2° Le mauvais état du matériel;

« 3° La vitesse excessive du convoi;

« 4° Le mode d'attelage des machines;

« Mais attendu, sur le premier point, que, soit que l'on suppute les besoins du service ordinaire, soit que l'on calcule les exigences des services extraordinaires, on demeure convaincu, en présence des documents de la cause, que, le 8 mai 1842, il y avait matériel suffisant, et que le nombre des locomotives et des voitures était et est encore en rapport normal avec la longueur et l'importance de la ligne parcourue;

« Attendu, sur le deuxième point, que les demandeurs consacrent leur attaque sur la machine du

Mathieu-Murray, mais qu'ils n'ont pu justifier le mauvais état signalé de cette machine ;

« Attendu qu'elle sortait d'une des plus habiles maisons de construction d'Angleterre ;

« Que, jusqu'au 8 mai, rien ne s'était manifesté qui pût en altérer la solidité ou l'organisation ;

« Que ce funeste jour, la machine avait eu un repos suffisant dans l'intervalle des convois ;

« Que le fer de l'essieu qui s'est rompu a été constaté d'excellente qualité ;

« Que l'on ne peut pas plus imputer à grief à la compagnie de n'avoir pas changé cet essieu sans nécessité, que d'avoir continué à se servir d'une machine à quatre roues dont l'infériorité aux machines à six roues est encore un objet de débats entre les savants ;

« Attendu enfin qu'il n'est point établi que cette machine fût difficile à conduire, au point d'exiger d'une compagnie prudente une réforme ou bien une réparation radicale ; que, bien au contraire, jusqu'au 8 mai, elle avait été distinguée par la sûreté et la rapidité de sa marche, bien qu'on lui imputât d'être un peu rétive sous une main peu habile ;

« Attendu, sur le troisième point, que l'extrême vitesse signalée est un fait dont l'appréciation est abandonnée à l'arbitrage des tribunaux, quand il s'agit de la considérer comme la cause déterminante d'un accident survenu ;

« Que la religion du tribunal est parfaitement édifiée sur le peu de fondement de ce grief, que la vitesse imprimée au convoi du 8 mai dont s'agit n'était ni excessive ni périlleuse, mais telle que la désirent habituellement les voyageurs qui choisissent ce mode de transport ;

« Attendu enfin, sur le quatrième point, que le mode d'attelage du 8 mai était conforme à ce qui se pratique en Angleterre ; que si les compagnies doivent se tenir au courant des améliorations et des progrès de l'art, elles ne peuvent être tenues de les devancer ; que même aujourd'hui, et après la catastrophe du 8 mai, l'absence du danger dans le mode d'attelage employé est établi par les documents les plus certains et les autorités les plus graves de la science ;

« Attendu, en dernière analyse, qu'il est impossible au tribunal, d'après l'examen qui précède, d'attribuer l'horrible catastrophe du 8 mai aux causes signalées par le sieur Apiau, soit séparément, soit combinées ;

« Qu'il y a lieu de reconnaître qu'il n'existe aucune preuve soit d'un fait imputable aux defendeurs, soit d'une négligence, soit d'une simple omission ;

« Qu'il y a lieu d'attribuer cette catastrophe à

cette fatalité dont parle l'orateur du Tribunat « dont chacun doit supporter les chances, » et à « cette violence immense, insurmontable et impossible à prévoir et à dompter qui a tout brisé, tout consumé, » dont parle la loi romaine ;

« Qu'ainsi la demande en dommages-intérêts du sieur Apiau doit être écartée, parce qu'elle ne repose sur aucun fondement légal ;

« Déclare Apiau non recevable et mal fondé dans sa demande, l'en déboute et le condamne aux dépens. »

Nota. Un semblable jugement a été rendu dans les autres affaires (1).

Sur l'appel interjeté par M. Apiau, la 1re chambre de la cour royale de Paris (présidence de M. le premier président Séguier), après avoir entendu aux audiences des 5, 12 et 19 août 1844, *Me Chauvelot*, avoué de M. Apiau, appelant du jugement du 4 août 1843, qui rejetait sa demande en 150,000 fr. de dommages-intérêts, et *Me Caron*, avoué de la compagnie du chemin de fer, ensemble, en ses conclusions. M. l'avocat général *Bresson*, qui conclut à la confirmation, rendit, le 19 août 1844, un arrêt qui, joignant les deux appels de MM. Apiau et Bouchard,

____

(1) *Gazette des Tribunaux* du samedi 5 août 1843 et des jours précédents.

et adoptant les motifs des premiers juges, *a confirmé* les deux jugements par eux attaqués (1).

Hélas! le jugement susrapporté, qui donnait ce que nos voisins appellent *un bill d'indemnité* à la science novatrice, était à peine rendu, qu'un autre événement terrifiant arrivait sur la rive droite de cette même ligne de Versailles, le 10 novembre 1843.

Voici ce que les journaux du lendemain 11 novembre apprenaient à leurs lecteurs (2) :

ACCIDENT SUR LE CHEMIN DE FER DE VERSAILLES

(Rive droite.)

« Un accident grave est arrivé ce matin sur le chemin de fer de Versailles (rive droite). Bientôt le

(1) *Nota.* On paraîtra peut-être surpris que cette cause, qui soulevait alors, au début des chemins de fer, des questions d'un ordre aussi élevé, n'ait pas été plaidée par les mêmes avocats : c'est qu'à ce moment le barreau de Paris, par suite *d'une boutade* du premier président Séguier, avait décidé qu'aucun membre de l'ordre ne se présenterait devant la première chambre jusqu'à certaine satisfaction réclamée par le conseil. *Cette bouderie,* fort légitime d'ailleurs, eut un grand retentissement au Palais à cette époque. Mais ce n'est pas là *un accident de chemin de fer :* il faut nous taire.

(2) *Gazette des tribunaux* du 11 novembre 1843.

bruit s'en est répandu dans Paris, et, comme c'est l'usage en pareil cas, a donné lieu aux récits les plus exagérés. On ne parlait que de voyageurs tués, d'un grand nombre de blessés, d'amputations qu'il avait fallu faire sur le lieu même du sinistre. Nous nous sommes transportés sur le lieu de l'accident, et nous sommes en mesure de donner à ce sujet les renseignements les plus positifs. *Les malheurs qui sont arrivés sont encore assez déplorables, sans que l'imagination et la frayeur viennent les exagérer.*

« Ce matin, à huit heures, le convoi parti de Versailles et remorqué par la locomotive *la Gauloise*, et composé de cinq waggons, venait de dépasser Châville, et allait arriver à Sèvres, lorsqu'à quinze cents mètres environ de là, la locomotive sortit du rail, à l'endroit où la voie fait une courbe très-prononcée, et tomba dans le remblai à quatre ou cinq mètres au-dessous du niveau de la voie. *Elle fut si complétement renversée que le dessus touchait la terre et que le dessous était tourné vers le ciel.* elle avait dans sa chute profondément labouré le remblai. Elle entraîna sur le talus son tender et le waggon destiné au transport des bagages. Le premier waggon des voyageurs fut jeté hors de la voie et renversé sur le côté, et, dans son choc, le coupé de la troisième voiture est venu se défoncer contre l'arrière de ce waggon. Le reste du convoi s'est arrêté sur la voie.

« On sait que les premiers waggons, ceux qui suivent immédiatement les waggons à bagages, sont destinés tout spécialement aux voyageurs que l'on prend ou qui s'arrêtent aux stations. *Cette circonstance a empéché l'événement d'arriver à toute la gravité qui eût pu en résulter.*

« En effet, à l'endroit où le sinistre a eu lieu, le convoi n'avait encore passé que devant une seule station, et n'y avait pris qu'un petit nombre de voyageurs.

« Sur la locomotive se trouvaient le mécanicien et le chauffeur. Le premier, lancé par dessus la machine, s'est démis l'épaule. Le chauffeur, renversé sous le tender avant d'avoir pu serrer les freins, a été rouler jusqu'au pied du treillage qui enclôt la voie, et, par un hasard miraculeux, n'a reçu ni blessure ni contusion ; il a pu continuer son service immédiatement.

« L'épaule du mécanicien a été remise sur le lieu même de l'événement, puis on l'a transporté à Châville. Il a pu revenir ensuite à l'endroit du sinistre, distant de Châville de six cents mètres, et reprendre le convoi, qui, remis en route cinq heures après, l'a ramené aux Batignolles, où il a regagné son domicile à pied.

« Le facteur de route, qui était dans l'intérieur du waggon à bagages, qui tient immédiatement à la machine, n'a eu d'autres contusions que celles qui résultent du contact d'outils en fer qu'il avait pris à la station de Châville pour le service du convoi.

« Le conducteur des waggons, *Chavelet* (Claude-François), âgé de cinquante et un ans, était placé sur l'impériale du premier waggon : *il a été précipité, la tête la première, sur la voie.* Dans sa chute, il s'est *luxé la colonne vertébrale et s'est brisé les côtes.* On l'a relevé sans connaissance.

« Dans l'intérieur de ce même waggon se trouvaient six voyageurs, au nombre desquels étaient deux dames. Deux de ces voyageurs seulement ont été blessés : l'un, Louis-Charles-Joseph *Brulon*, âgé de soixante-six ans, porteur de contraintes, a eu *la cuisse et la jambe fracturées en trois endroits;* l'autre, Charles-Victor *Gazin*, paveur, a reçu une forte contusion à la hanche droite. Les autres voyageurs n'ont éprouvé aucun accident.

« Il en a été de même de ceux qui se trouvaient dans les waggons suivants : quelques-uns même de ces voyageurs ont déclaré qu'ils ne s'étaient pas aperçus que le temps d'arrêt pût être le résultat d'une chute aussi terrible.

« Les trois blessés, *Chavelet*, *Brulon* et *Gazin* ont été transportés sur des brancards à l'hospice de ·

Versailles, où ils ont reçu les soins les plus empressés de M. *Lenoble* (1), médecin en chef, et des docteurs *Pénard*, *Vitry* et *Bataille*, attachés à l'hospice. On a jugé que *les blessures de Brulon rendaient indispensable une amputation immédiate;* mais jusqu'à présent il s'est refusé à subir cette opération.

« L'état de *Gazin* n'offre rien de grave.

« *Nous apprenons ce soir que Chavelet a succombé.*

« Après avoir donné les premiers secours aux blessés, on s'est occupé de relever les waggons. La machine seule est restée sur le remblai, comme devant servir, par sa position, à l'enquête qui va être faite sur les causes de ce sinistre.

« Aussitôt que l'événement a été connu, *M. Rabou*, procureur du roi de Versailles, *M. Saunac*, juge d'instruction, M. le préfet de Seine-et-Oise, et M. le préfet de police, se sont transportés sur les lieux. Bientôt sont arrivés aussi trois ingénieurs du gouvernement, dont *MM. Baude* et *Bineau* faisaient partie. Un examen attentif de la voie et de la machine a eu lieu.

« Voici, à ce qu'il paraît, quelle serait la cause de l'accident. On sait que dans les courbes tout l'effort

---

(1) Il y a des noms prédestinés. (Note de l'auteur.)

de la locomotive porte sur la roue qui est à l'exté-rieur de cette courbe. Or, il parait que dans ce mouvement le bandage ou bourrelet qui maintient la roue et l'empêche de sortir du rail a été forcé, et la roue passant sur le rail, la locomotive a été lancée hors de la voie.

« A une heure le service a pu être repris, et le convoi est arrivé à Paris sans autre accident.

« Toute la journée, et malgré le froid de la tem-pérature, un grand nombre de curieux se sont suc-cédé sur le théâtre du sinistre. *Une instruction judiciaire a été immédiatement commencée.* »

Nous insistons, non sans dessein, sur cette me-sure prise par l'autorité judiciaire d'une *enquête juridique*, et d'une *poursuite de l'action publique*, et voici pourquoi :

Le plan de ce livre se renfermant dans des citations de jugements ou arrêts rendus sur des accidents ou des faits relatifs à l'exploitation de cette grande industrie des chemins de fer, nous avons négligé, *à notre grand regret*, d'enregis-trer des accidents où, grâce *à l'admirable cou-rage des employés, ou même à la Providence*, ces accidents n'ont eu d'autres suites fâcheuses que la détérioration d'un matériel brisé, incombant à la compagnie; la frayeur qu'inspirent ces accidents, et les réflexions que font naitre ce courage, cette abnégation de la vie de ces malheureux agents, qui, par leur présence d'esprit, sauvent d'abord leur existence de pères de famille, et ensuite la vie de leurs semblables confiée à leur expérience et à leur science relative.

Honneur à ces hommes, dignes de belles récompenses! Pitié pour les blessés! Quant *aux morts*, leurs noms devraient être inscrits dans le *Martyrologe des chemins de fer français*, si jamais un écrivain entreprenait cette tâche pénible et utile à l'humanité.

Que mes lecteurs qui n'appartiennent pas au barreau, et surtout mes *aimables lectrices*, apprennent, une bonne fois pour toutes, que ces accidents ainsi racontés, qui sont suivis de ce qu'on appelle *une ordonnance de non-lieu à suivre*, rendue par la chambre du conseil, après une instruction minutieuse et avoir entendu les conclusions du parquet, n'attestent qu'une chose : c'est que dans la pensée de notre magistrature impartiale et juste, il n'y a lieu à l'action criminelle que lorsque les faits les mieux établis et constatés ne tombent pas sous le coup de la loi pénale, en un mot, lorsque, comme le porte l'*ordonnance de non-lieu*, IL NE RÉSULTE PAS CHARGES SUFFISANTES *à la charge des inculpés*.

Dans ce cas, la chambre du conseil est comme un *jury à la cour d'assises* acquittant un accusé dont le crime paraît évident aux yeux du monde, mais où, la preuve manquant, *la conscience ne peut admettre une condamnation.* C'est le cas d'appliquer ce vieux proverbe (et les proverbes sont la sagesse des nations) :

« *Dans le doute abstiens-toi!* »

ACCIDENT SUR LE CHEMIN DE FER D'ORLÉANS

(19 juillet 1843.)

Le 19 juillet 1843, le convoi destiné au transport des messageries était parti à quatre heures d'Orléans. Après avoir dépassé Étampes et près d'Étrechy, le mécanicien s'aperçut qu'un des pistons de la locomotive ne fonctionnait plus convenablement, et qu'il lui serait impossible d'arriver à Paris sans le secours d'une autre machine. D'après les règlements de l'administration, des locomotives sont toujours disposées sur divers points de la route, à Toury, à Étampes et à Saint-Michel, pour porter secours, en cas de besoin, aux convois en détresse. D'un autre côté, aux termes des mêmes règlements, un *aviso* doit être expédié du lieu d'arrivée au devant du convoi qui est en retard de plus de vingt minutes.

Au lieu d'attendre l'arrivée de la locomotive qui devait venir au devant de lui, le conducteur fit transmettre sur Étampes, et en arrière de lui, les signaux nécessaires pour l'envoi d'une locomotive ; et il resta en place.

La locomotive expédiée d'Étampes arriva immédiatement, lancée à pleine vapeur et sur la voie où se trouvait le convoi arrêté. Mais ce convoi, au lieu de s'arrêter en plaine, et de façon à être aperçu par la locomotive de secours, était placé dans une des courbes de la voie et dans une tranchée dont les talus le masquaient presque entièrement. Il paraît aussi que le cantonnier, en voyant la locomotive arriver, *se trompa de signal*, arbora le drapeau blanc, signe indicatif de la marche, au lieu du drapeau rouge, indicatif de l'arrêt. Le mécanicien de la locomotive de secours, croyant la voie libre, poursuivit sa marche, et ce fut seulement au moment où il s'engageait dans la courbe qu'il se vit à quelques mètres du convoi. Aussitôt-il serra les freins pour amortir le choc ; mais l'impulsion était telle, et la distance si rapprochée, que la précaution fut presque inutile, et la locomotive vint se heurter violemment contre la diligence placée à l'arrière du convoi et défoncer les caisses.

La secousse épouvantable qui s'ensuivit se communiqua aux autres diligences, et il y eut alors une horrible scène de confusion et d'effroi. Bientôt cependant, après la première émotion, on put s'assurer que l'accident n'avait pas été aussi funeste qu'il aurait pu l'être.

L'impériale de la dernière diligence avait été brisée et s'était affaissée avec les bagages sur les voyageurs, principalement sur ceux placés dans la rotonde. La diligence attachée devant celle-ci avait été aussi fortement endommagée.

La plupart des voyageurs qui occupaient les dernières voitures ont été contusionnés; mais ils ont pu, après les premiers secours, continuer leur route sur Paris. Quatre personnes seulement ont été transportées à Étampes.....

Au moment du choc, un conducteur fermait la portière d'une des diligences; il a reçu aussi une assez forte contusion.

« Le matin même, une enquête judiciaire a commencé. Cet accident, disait *la Gazette des Tribunaux* du 26 juillet 1843, bien que ses conséquences n'aient pas heureusement une extrême gravité, *mais qui eût pu être si funeste*, fera sentir, sans doute, aux compagnies et à l'administration supérieure *la nécessité d'une surveillance incessante* et d'un surcroît de précautions qui seules peuvent empêcher de déplorables catastrophes.

« Sans doute rien ne peut garantir contre l'imprudence ou l'erreur d'un employé subalterne, mais il est des mesures générales de police et de sûreté que . l'administration néglige trop peut-être d'imposer aux compagnies.

« *Qu'on suppose un accident pareil à celui .d'hier arrivé dans un tunnel ! Peut-on sans frémir en calculer les conséquences ?* Aussi ne comprend-on pas que le gouvernement ne songe pas à exiger au moins que les souterrains soient éclairés (1) ? — Il y a trois jours, sur la ligne de Rouen, un convoi s'est trouvé arrêté sous le tunnel de Rolleboise, *pendant près de trois quarts d'heure !* Le mois précédent, le même accident était arrivé, et au moment où plusieurs voyageurs, effrayés de ce temps d'arrêt, étaient descendus, un convoi est arrivé en sens inverse, et *c'est par un hasard providentiel* qu'au milieu de cette effroyable obscurité personne n'a été atteint.

« L'éclairage de ces tunnels est une mesure de précaution qu'on est étonné de ne pas voir encore prescrire, à moins que l'autorité supérieure n'attende quelque catastrophe pour y pourvoir. Les croise-

(1) Les souterrains sont éclairés aujourd'hui. Mais le sont-ils suffisamment ? (Note de l'auteur.)

ments de trains sous les tunnels devraient être aussi formellement défendus. Or il se trouve précisément que, d'après la nouvelle organisation du service de la ligne de Rouen, c'est sous le tunnel de Rolleboise que doivent le plus souvent s'opérer les croisements. »

L'article précité, rédigé avec cette fermeté et cette convenance qui caractérisent *la Gazette des Tribunaux* depuis l'inauguration des chemins de fer jusqu'à nos jours, finissait ainsi :

« Aux termes d'une autre mesure écrite dans les règlements, un *aviso* doit, après vingt minutes de retard d'un convoi au point d'arrivée, se porter au devant d'un convoi attendu. Or, c'est là *une prescription qui ne s'exécute pas, et des retards se sont parfois prolongés pendant plusieurs heures,* sur la ligne dont nous parlons, sans l'envoi d'aucun secours de ce genre.

L'opinion publique doit se garder d'exagérer les accidents inévitables qui peuvent malheureusement signaler le développement des chemins de fer ; mais l'autorité méconnaitrait ses devoirs si, par incurie ou par condescendance pour des intérêts privés, elle négligeait une seule des précautions que commande la sûreté publique. »

TRIBUNAL CORRECTIONNEL D'ÉTAMPES

PRÉSIDENCE DE M. HÉNIN DE CHÉREL

Audience du 11 octobre 1843.

Les débats de cette affaire ne révélèrent rien de nouveau après le compte-rendu ci-dessus de l'événement.

Aucune partie civile n'intervint dans le procès, la compagnie s'était empressée de désintéresser toutes les personnes qui avaient eu plus ou moins à souffrir de l'accident.

M. Netmann, procureur du roi, dans son réquisitoire, soutint que la sécurité des voyageurs devait occuper avant tout l'administration du chemin de fer et ses employés de tout grade. Tout en rendant justice au zèle éclairé de la compagnie, le ministère public était convaincu que, dans cette catastrophe, des reproches graves étaient à faire aux inculpés. Il prémunissait le tribunal contre le système de défense qui consisterait, de la part des prévenus, à rejeter l'un sur l'autre la responsabilité d'un événement déplorable.....

Mᵉ Baud, avocat, et *Mᵉ Gibory*, avoué, présentèrent la défense des prévenus.

Mᵉ Léon Duval plaidait pour la compagnie du chemin de fer d'Orléans, et il s'éleva à de hautes considérations, avec le *talent spirituel et mordant* de cet illustre défenseur.

Le tribunal rendit le jugement suivant :

« En ce qui touche *Porcherot* (chef de dépôt), *Pierron* (mécanicien) et *Ducoux* (chauffeur) :

« Attendu qu'ils se trouvaient sur la locomotive de secours sous les ordres et la direction de *Costel*, chef de gare d'Étampes, leur supérieur dans l'ordre hiérarchique, et que, par suite, ce dernier assume sur lui la responsabilité de l'événement du 18 juillet 1843 ;

« Qu'ainsi il y a lieu de les renvoyer purement et simplement de la plainte ;

« En ce qui touche *Costel :*

« Attendu qu'informé qu'une locomotive de secours était demandée dans la direction de Paris, il s'est immédiatement mis en marche avec une locomotive dans la direction indiquée et sur la seule voie qu'il pût parcourir aux termes des règlements ; que sur sa marche le signal du drapeau blanc lui a indiqué qu'il pouvait marcher à grande vitesse ; qu'il résulte des débats qu'avant de s'engager dans la tranchée de la courbe de Pierre-Brou, il a fait ralentir la marche de la locomotive ;

« Que le cantonnier le plus voisin du train en détresse n'ayant donné que le signal du ralentissement, il n'a pu faire arrêter la locomotive assez à temps pour éviter le choc ; qu'ayant aperçu le train arrêté presque au moment de l'atteindre, les mécaniciens qui montaient la locomotive ont fait tout ce qui dépendait d'eux pour arrêter le mouvement ; que, dans leurs efforts, la mécanique du frein s'est rompue ; que, dans les circonstances, on ne peut reprocher à *Costel* d'avoir enfreint le règlement de la compagnie non plus que d'avoir manqué à la prudence dans un accident qu'il ne pouvait éviter ni prévoir ;

« Qu'ainsi il n'y a pas lieu de prononcer contre lui aucune peine ;

« En ce qui touche *Lassagne* (chef du convoi) et *Loison* (cantonnier) :

« Attendu que Lassagne, chef du train en détresse, devait, aux termes du règlement, faire connaître d'une manière plus précise le lieu et la voie occupés par le train arrêté ; qu'aux termes de l'article 26, il devait donner l'ordre au cantonnier le plus voisin en arrière de se porter à l'extrémité de son canton pour y faire les signaux nécessaires pour arrêter tout convoi ou locomotive qui pourraient survenir sur la même voie ; qu'il résulte des débats qu'il n'a pas rempli ses obligations ; d'où il suit qu'il a encouru la responsabilité prévue par l'article 320 du Code pénal ;

« En ce qui touche *Loison* :

« Attendu qu'il résulte des débats qu'il ne s'est

pas porté en avant de son canton pour y faire les signaux prévus par l'article 26 du règlement; qu'il n'a pas développé le drapeau rouge qui devait indiquer que la voie n'était pas libre; qu'au moment même où la locomotive arrivait sur la voie occupée par le train, il n'a donné que le signal de ralentissement, au lieu de donner le signal d'arrêt; que c'est donc par son inobservation des mesures prévues par le règlement qu'il a mis la locomotive de secours dans l'impossibilité de s'arrêter à temps;

« Attendu que de l'inobservation des règlements par les inculpés, il est résulté des blessures et des coups, délit prévu par l'article 320 du Code pénal;

« Attendu qu'il y a des circonstances atténuantes;

« Par ces motifs, le tribunal renvoie de la plainte *Costel*, *Porcherot*, *Pierson* et *Ducoux*;

« Déclare *Loison* et *Lassagne* coupables de blessures par imprudence et inobservation des règlements avec circonstances atténuantes, délits prévus par les articles 320 et 463 du Code pénal, etc...;

« En conséquence, condamne *Loison* en *cinquante francs* d'amende, et *Lassagne* en *cent francs* d'amende et *solidairement* aux dépens;

« En ce qui touche la compagnie, appelée comme civilement responsable :

« Attendu que cette responsabilité résulte de l'article 1384 du Code civil;

« Déclare le présent jugement commun avec la compagnie en ce qui touche les condamnations civiles. »

Quelle que soit l'idée qu'on puisse attacher au mot *circonstances atténuantes*, il faut bien se pénétrer de ceci :

La peine correctionnelle, en pareil cas, n'est qu'un pur accessoire ; le principal de la punition, c'est *la destitution de l'employé imprudent qui a violé le règlement et amené sur ses chefs une condamnation pécuniaire.*

A cette destitution immédiate qui frappe le malheureux, souvent *père de famille*, se joint *la retenue* sur ses faibles appointements échus, et même son *cautionnement ad hoc*, des sommes qui incombent à la compagnie, déclarée solidaire avec son préposé !

Donc le jugement est assez sévère. Ne blâmons pas trop vite la justice du pays, qui pèse toutes les circonstances, et qui admet, dans sa sagesse, *les considérations d'humanité* que l'admission des circonstances atténuantes entraîne nécessairement avec elle.

ACCIDENT SUR LE CHEMIN DE FER D'ORLÉANS

27 janvier 1844.

Le train, dit de marchandises, était parti d'Orléans à neuf heures du soir; il se composait de la locomotive, de son tender, d'un waggon de bagages, d'un seul waggon de voyageurs et d'environ trente waggons de marchandises. Le waggon de voyageurs en contenait sept.

Arrivé à environ cent cinquante mètres du bâtiment dit l'Entrepôt, et la vitesse du convoi étant déjà considérablement ralentie, le convoi devant quitter la voie ordinaire pour rentrer dans la voie spéciale avait à franchir trois aiguilles successives. Deux ont été passées sans accident.

A la troisième, l'aiguilleur était couché pour peser sur l'aiguille qui joint la voie spéciale à la voie ordinaire. Déjà la locomotive et son tender étaient entrés dans la voie spéciale, lorsque la porte du waggon à bagages, qui s'est ouverte, a atteint l'aiguilleur et l'a renversé; l'aiguille abandonnée s'est refermée, et le waggon des voyageurs, tiré par la locomotive, engagé dans la voie spéciale, et poussé par le convoi qui était resté dans la voie ordinaire, a nécessairement présenté le flanc dans l'entre-voie et a été renversé ; il a été ainsi traîné l'espace de quelques mètres, et lorsque le convoi s'est arrêté, ce waggon s'est trouvé tourné complétement l'arrière en avant, l'impériale défoncée et l'essieu de derrière tordu. Le convoi de marchandises était dans l'entre-voie, le premier waggon de marchandises avait aussi l'un de ses essieux tordu ; les rails des deux voies étaient en partie forcés, et un certain nombre de sabots arrachés.

Pour délivrer les voyageurs, il a fallu briser le waggon qui les renfermait. L'une des caisses contenait cinq voyageurs ; trois n'avaient reçu aucune blessure, aucune contusion ; *deux avaient cessé de vivre* (DEUX SUR SEPT !) ; les deux autres voyageurs qui se trouvaient dans une autre caisse étaient sains et saufs.

Les deux cadavres ne portant aucune trace de fracture, les médecins qui ont été appelés pour les secourir, et qui ont constaté leur décès, *ont attribué leur mort à l'asphyxie* ; et, ce qu'il y a de plus extraordinaire, c'est que les voyageurs qui étaient renfermés dans la même caisse, assis sur la même banquette, déclarent qu'ils n'ont éprouvé aucune commotion, qu'ils n'ont entendu aucun cri, aucun gémissement.

Les deux victimes de ce déplorable événement étaient *M. Blin de Bailleul*, d'Orléans ou des environs, se rendant à Paris, rue Vieille-du-Temple, 80 (c'était, disait-on, un parent de *M. Blin de Bourdon*); et *M. Brabant*, plumassier, rue Sainte-Avoie, 6.

L'instruction fut immédiatement commencée sous les auspices de M. le préfet de police, accouru sur les lieux, de M. le procureur du roi, assisté de *M. Desnoyers*, juge d'instruction; avec l'assistance de M. le docteur *Ollivier* (d'Angers), appelé pour faire l'autopsie des cadavres et vérifier la cause de la mort.

Les débats de cette triste affaire commencèrent le 11 avril 1844, devant le tribunal correctionnel de la Seine (6ᵉ chambre) sous la présidence de *M. Turbat*.

Dans cette audience le tribunal décida qu'il se rendrait, assisté d'un huissier audiencier, à l'embarcadère du chemin de fer pour constater la saillie que présentait l'ancienne portière du waggon à bagages, et la position qu'occupait l'aiguilleur par rapport à la distance qui le séparait du rail.

Après cette descente de lieux, et les plaidoiries de *Mᵉ Mauā'heux*, avocat, pour *Vincourt* (conducteur), l'inculpé, et de *Mᵉ Baud*, avocat de la compagnie du chemin de fer civilement responsable; après le réquisitoire de *M. Mahou*, avocat du roi, le tribunal rendit, le 18 avril 1844, un jugement en ces termes :

Jugement.

« Le tribunal,

« Attendu que l'instruction écrite et les débats à l'audience ont amené sur l'accident du 27 janvier la constatation des deux faits suivants :

« 1° L'ouverture de la portière droite d'un waggon à bagages durant le trajet même du convoi ;

« 2° La saillie que le battement de cette portière a décrite en s'ouvrant, saillie jugée excessive par rapport au levier de l'aiguilleur ;

« Faits connexes entre eux, mais séparément imputables à qui de droit ;

« Sur le premier fait :

« Attendu qu'il est judiciairement établi que *le conducteur Vincourt* occupait seul le waggon de bagages, et qu'en ouvrant, par inattention, la portière de droite, dans l'intervalle existant entre la seconde et la troisième aiguille, il a causé la chute de *Froissard* (l'aiguilleur), le déraillement de partie de convoi et la mort instantanée de deux voyageurs ;

« Sur le second fait :

« Attendu que l'administration du chemin de fer

n'est pas en prévention ; que néanmoins sa responsabilité se trouve ici engagée : au point de vue général sur la matière, parce que l'administration répond du fait de son préposé, dans les limites de la fonction à laquelle il est employé par elle , et, au cas particulier du procès, *parce qu'il était en son pouvoir d'empêcher l'accident du 29 janvier, soit en prolongeant, comme depuis l'accident, le levier de l'aiguilleur, soit en adoptant pour le waggon à bagages les portières à coulisses, ainsi qu'elle l'avait déjà* fait pour la plupart de ses autres waggons ;

« Attendu que Vincourt s'est rendu coupable du délit prévu et puni par l'article 319 du Code pénal ;

« Mais attendu qu'il existe des circonstances atténuantes ;

« Condamne Vincourt à quinze jours d'emprisonnement et aux dépens ;

« Condamne l'administration du chemin de fer, comme civilement responsable, aux mêmes dépens. »

Observations. — Ce jugement a de l'importance, en ce qu'il admet, à l'égard de l'administration une grave responsabilité qu'elle avait voulu décliner.

Ce n'est pas, en effet, la durée de la peine prononcée contre un pauvre employé, simplement coupable d'imprudence, qu'il faut envisager dans ces questions de principe, mais bien le défaut, plus blâmable cent fois, des hauts fonctionnaires d'une compagnie, desquels l'employé reçoit des ordres et des instructions. Voilà la vraie responsabilité dans l'esprit de la loi.

ACCIDENT SUR LE CHEMIN DE FER DE SAINT-ÉTIENNE A LYON

(9 avril 1844.)

Un accident qui pouvait avoir des suites on ne peut plus funestes pour les voyageurs était encore arrivé le mardi 9 avril 1844 sur le chemin de fer à la descente de Saint-Étienne à Lyon.

Le convoi se trouvait à quelque distance du tunnel de la Mulatière, lorsque tout à coup un rude choc se fit sentir dans tous les waggons. Le convoi venait de dérailler, mais fort heureusement la locomotive en avait été détachée vivement. *Sans cela on ne saurait préciser l'étendue du malheur qui aurait pu arriver.* Les voyageurs en ont été quittes pour la peur. Ils ont été pendant un certain espace de terrain, secoués, ballottés, cahotés durement; mais les waggons n'ont point été renversés, parce que

heureusement le convoi, dans ce moment, ne marchait pas très-vite, et ne se trouvait pas sur une
pente.

« *Mais si l'accident était arrivé sur les bords
du Rhône, en sortant de Givors, tous les voyageurs pouvaient être précipités dans le fleuve !* »

La cause du déraillement fut attribuée à la négligence de l'employé chargé de fixer les aiguilles, à
défaut d'excentrique.

Les waggons déraillés ont labouré la terre, entraînant avec eux les rails arrachés de leurs cous-
sinets.

OBSERVATIONS. — Encore un accident qui pouvait,
sans le hasard providentiel et la présence d'esprit
d'un employé, renouveler les horreurs du 8 mai 1842 !
Ce sont les réflexions que nous puisons dans *la
Gazette des Tribunaux*, et *le Droit*, du 15 avril
1844. — Nous ignorons quelle peine fut encourue
par l'auteur du déraillement, dont la conduite, mise
en regard de celui qui détacha vivement la locomotive, par une promptitude, était blâmable au dernier chef.

Ces événements, qui ne donnent pas lieu à des actions civiles en dommages-intérêts, *parce qu'il n'y
a pas de victimes*, n'en sont pas moins susceptibles
d'être cités pour démontrer aux administrateurs de
chemins de fer toute la sévérité et l'impartialité

qu'ils doivent apporter dans le choix de leurs préposés, et combien il est indispensable de leur faire
subir un examen et une épreuve préalables, comme
cela se pratique en Angleterre, en Belgique, en Allemagne, en Suisse, etc.

La vie humaine doit être aussi bien comptée
que les sommes portées d'avance aux budgets des
chemins de fer, en prévision des dommages éventuels
qu'une compagnie peut avoir à subir dans le cours
d'une année d'exercice.

Ceci soit dit sans aigreur ni rancune : c'est même
dans le propre intérêt de ces grandes entreprises
industrielles que nous répétons sans cesse ces observations.

ACCIDENT SUR LE CHEMIN DE FER DE SAINT-ÉTIENNE

(18 octobre 1843. — Jugement de 1844.)

La loi sur la police des chemins de fer, que nous
avons rapportée dans la seconde partie du présent
livre, avait décidé, en principe général, que les
voies devaient être closes et rendues inaccessibles
aux piétons. C'est ainsi dans ce sens que sont rédi-

gés les cahiers de charges consentis aux compagnies.

La compagnie du chemin de fer de Saint-Étienne (la première qui se soit établie en France) était la seule, à cette époque, 1843, qui ne fût pas soumise à l'obligation de la clôture; mais il avait été entendu dans la discussion, à la chambre des pairs, que, bien que sa concession fût antérieure au projet de loi, l'obligation de se clore ne lui serait pas moins imposée, sauf les tempéraments que pourrait prendre l'administration afin d'atténuer ce qu'il pouvait y avoir de rétroactif à son égard dans l'exécution de la loi.

Un procès, dont était saisi le tribunal de Saint-Étienne, en mai 1844, vint de nouveau démontrer la sagesse des mesures prescrites par le projet de loi, dont la chambre des députés était encore saisie à cette époque. Certes, ce procès ne contribua pas le moins, par la publicité des débats et les comptes-rendus des journaux judiciaires, *la Gazette des Tribunaux* et *le Droit*, à appeler l'attention du législateur sur de graves et nombreux intérêts à protéger par cette loi projetée.

Le chemin de fer de Saint-Étienne était, sur toute l'étendue de son parcours, accessible aux piétons, qui le préféraient à la grande route, couverte de boue s'il pleuvait, de poussière s'il faisait beau. Il

faut bien le dire aussi, les débarcadères, quand il en
existe, sont loin d'offrir toute la sécurité désirable;
le voyageur qui n'est pas tenu d'y attendre le convoi
stationne d'ordinaire sur le beau milieu de la voie.
Le 18 octobre 1833, *Frappa*, boulanger à Saint-
Jullien-en-Jarret, marié seulement depuis quelques
jours, attendait à la station de Saint-Chamond l'arrivée du convoi de remonte pour Saint-Étienne. Il
voulait traverser le chemin pour se rendre au café
qui se trouvait en face du bureau, mais il en fut empêché par le passage d'un convoi de charbon remorqué sur la voie de remonte. Pendant qu'il était occupé sur la voie de *Decise* à compter le nombre des
waggons, deux cadres arrivant avec toute la vitesse
de la pente le renversèrent; il eut la jambe cassée,
la tête fracassée, et une heure après il rendit le dernier soupir. Les cadres continuèrent leur route, et
ne s'arrêtèrent qu'auprès de Rive-de-Gier, en se
heurtant contre un convoi de charbon en station sur
la ligne.

On ne tarda pas à connaître la cause de ce malheureux événement. Un peu au-dessous de Saint-
Chamond, la voie était en réparation, et la remonte
des cadres destinés à ce service avait été confiée, par
l'administration du chemin de fer, à un sieur *Fromage*. Le 18 octobre, Fromage avait donné la conduite de ses cadres à son fils, *âgé de onze ans*, et à

un petit domestique nommé Pierre. Tout à coup le jeune Fromage cria à son camarade : Pierre, mes cadres s'en vont. » La corde qui retenait les bœufs par le joug venait en effet de se détacher, et les cadres abandonnés à eux-mêmes furent entraînés par la pente et arrivèrent à Saint-Chamond avec une rapidité prodigieuse. On ne les entendit pas à cause du bruit que faisait la machine qui remorquait le train de charbon.

Frappa laissait une veuve, et d'un premier mariage quatre enfants, dont deux majeurs et deux mineurs. Une demande en dommages-intérêts fut formée en leur nom contre l'administration du chemin de fer, qui, à son tour, assigna en garantie le sieur *Fromage.*

Par un premier jugement, le tribunal de Saint-Étienne avait ordonné des enquêtes et contre-enquêtes sur le résultat desquelles on revenait plaider devant lui.

Pour le chemin de fer, *Mᵉ d'Hervieux* soutenait que *Frappa*, se trouvant sur la voie en curieux, au mépris des arrêtés administratifs, au moment où il avait été renversé par les waggons, avait été victime de sa propre imprudence, et qu'aucune responsabilité ne pouvait peser sur l'administration.

Mais ce système ne fut pas accueilli par le tribunal, qui, sur la plaidoirie de *Mᵉ Meunier*, et conformément aux conclusions de *M. Onofrio*, substitut du procureur du roi, considéra la mort de Frappa comme directement imputable à Fromage, dont la compagnie devait répondre.

En conséquence, le tribunal civil de Saint-Étienne a condamné cette dernière à payer aux héritiers *Frappa* un capital de *cinq mille francs;* Fromage à garantir la compagnie, et tous deux solidairement aux dépens.

ACCIDENT SUR LE CHEMIN DE FER DE SAINT-ÉTIENNE

(10 juin 1844.)

Le Mercure Ségusien donnait les détails suivants sur cet accident :

« Le 10 juin 1844, le convoi, parti à midi de Saint-Étienne, après avoir dépassé Saint-Romain, entre Rive-de-Gier et Givors, a éprouvé subitement une violente secousse. La machine venait de dérailler, et comme, heureusement, l'on se trouvait dans une tranchée, elle fut arrêtée par le talus, qu'elle gravit pourtant à une hauteur de trois à quatre mètres avant de s'arrêter. Les deux premières voitures seules furent entraînées hors de la voie. L'on descendit.

Alors un spectacle affreux vint attrister les voyageurs qui se félicitaient déjà de n'avoir aucun mal. Le machiniste André-Toussaint *Berniset* se trouvait étendu à terre, les deux jambes prises par la machine, mais une plus particulièrement sous une roue enfoncée profondément dans la terre. Ce malheureux, dans une position si terrible, indiquait où l'on devait prendre les crics, les placer le plus utilement pour relever la machine et le délivrer. Ce fut en vain ; on ne put soulever une pareille masse, et il fallut se résoudre à creuser la terre pour dégager le machiniste, opération qui dura un quart d'heure pendant lequel Berniset montra un courage admirable. Soulevé par un bras, il dirigeait les travailleurs, et quand, vaincu par la douleur et la chaleur de la chaudière placée au-dessus de lui, il se laissait retomber, il répondait aux paroles d'encouragement : « *Bast ! pour moi ; c'est pour ma femme et mes pauvres enfants !* »

« Enfin, après bien des peines, il fut retiré, *une jambe meurtrie et un pied coupé !*... Transporté à Givors, on a immédiatement pratiqué *l'amputation ;* mais nous apprenons que ce malheureux *a succombé le lendemain !*

« Berniset laisse une veuve et deux enfants ; il relevait de maladie et faisait son premier voyage. C'était le doyen des machinistes de la compagnie ; le plus ancien avant lui avait été aussi victime de l'état qu'il professait. »

Observations. — En lisant ces lignes navrantes, est-ce qu'on n'est pas saisi d'une idée que vingt-cinq ans de triste et douloureuse expérience n'ont fait que développer et affermir?

Pourquoi les compagnies de chemins de fer n'auraient-elles pas un fonds commun entre elles pour l'établissement *d'un hospice des malades et mutilés que leur service met hors d'état de travailler ?*

On pourrait, imitant une pensée admirable du règne de Napoléon III, appeler cette institution :

« *Les Invalides des chemins de fer.* »

Quant aux veuves, aux enfants, aux héritiers de ces malheureuses victimes, d'autant plus à plaindre, qu'au lieu de chercher un moyen de salut pour elles-mêmes, elles périssent souvent *à leur poste,* sans chercher à se sauver, *pour sauver les voyageurs* confiés à leur courage, à leur abnégation de la vie, ceux-là sont indemnisés par les compagnies, soit à l'amiable, soit en actionnant les administrateurs devant les juges civils, aux termes des articles 1382, 1383, 1384 du code Napoléon. C'est dans ces déplorables circonstances que tout, dans le procès, est laissé à la sagesse, à la prudence, à l'humanité de nos tribunaux.

Quelquefois même le voyageur est étonné de voir

un garde-ligne, un cantonnier, etc., mutilé d'un bras ou défiguré. Soyez sûrs que, dans ce cas, c'est un mode d'indemnité, *une rente viagère*, que lui sert la compagnie responsable. J'en ai connu un, au chemin de l'Est, *n'ayant plus ni bras ni jambes, et il a trouvé néanmoins à se marier.*

ACCIDENT SUR LE CHEMIN DE FER DE VERSAILLES

(Rive gauche)

(21 juillet 1844.)

Le 21 juillet 1844, le beau temps avait attiré à la fête de Meudon une affluence considérable, et qui dépassait de beaucoup celle qu'on pouvait attendre. Le service prévu la veille ne suffisait plus, et il était nécessaire d'organiser des départs supplémentaires pour ramener à Paris, dans la soirée, les nombreux promeneurs qui avaient été transportés le matin. Ces départs supplémentaires de Versailles obligeaient l'administration à faire partir de Paris des convois vides, afin de mener à Versailles des voitures pour le retour.

Le train ordinaire de huit heures du soir, com-

posé de onze voitures remorquées par une machine,
la Ville de Chartres, et contenant cinquante-cinq
voyageurs, s'arrêta à plusieurs stations où il déposa
quarante-cinq voyageurs. Il venait de quitter la dernière station, celle de Viroflay, quand il fut rejoint
et heurté violemment par un train supplémentaire
de voitures vides parti de Paris à huit heures dix-
sept minutes, et qui marchait avec une vitesse que
les témoins ont qualifiée d'effrayante; l'un d'eux a
dit qu'il venait à *triple galop*. Le train était composé de dix-sept waggons, dont deux waggons de
sûreté, remorqués par les machines *la Seine* et
l'Eure-et-Loir.

Les trois dernières voitures du premier convoi
furent *littéralement broyées*. On en trouva les débris en petits morceaux sur la voie. La quatrième et
la cinquième furent *brisées*, et d'autres voitures,
ainsi que l'une des locomotives, mises hors de service. L'impulsion donnée au premier convoi le
poussa, malgré le choc, à cent mètres en avant. Le
second convoi *sortit des rails*, et ses conducteurs
*s'élancèrent ou furent précipités du haut de leur
tender*. L'un d'eux, le mécanicien *Schroo*, se démit
la mâchoire. Dix voyageurs seulement étaient restés
dans le premier convoi. Trois de ces voyageurs placés dans la cinquième voiture, le sieur *Lemoine*, et
les femmes *Dietz* et *Massé*, furent *grièvement*

blessés. Le sieur *Langlubert*, chirurgien-major, qui occupait seul une des diligences, *eut la jambe cassée.*

M. Jules *Petiet*, ingénieur en chef de la compagnie, et les sieurs *Desfrènes* et *Schroo*, mécaniciens, furent cités devant le tribunal correctionnel de Versailles, qui renvoya Desfrènes de la plainte, et condamna Petiet à vingt jours de prison et cent francs d'amende, Schroo à quinze jours de prison et seize francs d'amende.

M. Petiet fit seul appel de ce jugement.

Une question intéressante fut soulevée devant la cour. D'après deux arrêtés du préfet de police et du préfet de Seine-et-Oise, en date des 14 septembre et 3 décembre, un intervalle de vingt-cinq minutes devait exister entre le départ d'un convoi direct qui suit un convoi de station. Entre deux convois de même espèce, l'intervalle était de quinze minutes.

Entre un convoi direct, suivi d'un convoi à station, il était de cinq minutes.

L'administration avait cru appliquer ces arrêtés en prescrivant à certains convois directs de s'arrêter deux minutes à l'une des stations, celle de Sèvres. M. l'ingénieur *Boisseau* avait déclaré qu'il considérait cette interprétation comme conforme à la lettre des arrêtés.

Après avoir entendu Me *Bethmont*, avocat de

M. Petiet, appelant, et sur les conclusions conformes de M. l'avocat général *Ternaux*, la cour royale de Paris (chambre des appels correctionnels), sous la présidence de *M. Moreau*, rendit, le 15 mars 1845, un arrêt par lequel, après avoir rappelé les faits du procès, et (*en droit*) :

« Considérant que les règlements administratifs sur la police des chemins de fer doivent être ponctuellement observés ; qu'il n'appartient à personne d'interpréter ces règlements et d'en changer ou modifier les dispositions ; que dans aucun cas les convenances ou les besoins du service ne peuvent imposer une infraction à leurs dispositions ;

« Considérant que les arrêtés dont il s'agit sont clairs et formels ; qu'ils établissent des règles fixes ; et que s'ils n'exigent qu'un intervalle de quinze minutes entre les deux convois de même espèce, il faut dans ce cas que les deux convois soient dans les mêmes conditions ; que c'est évidemment éluder la lettre et violer le sens des arrêtés que d'assimiler à un véritable convoi à stations un convoi qui s'arrêterait seulement deux minutes dans le trajet ;

« Considérant, en fait, que le convoi ordonné par Petiet pour huit heures un quart, et qui n'a quitté la gare de Paris qu'à huit heures dix-sept minutes, a atteint et heurté de la manière la plus violente le convoi de huit heures après la station de Viroflay ;

que ce choc a détruit et brisé plusieurs waggons et occasionné des blessures graves à divers voyageurs, et notamment à Langlubert, à Lemoine, aux femmes Dietz et Massé, et à des employés du chemin de fer ;

« Considérant que la cause première et directe de ces accidents doit être attribuée à l'ordre du départ donné par Petiet, en contravention aux arrêtés précités, par conséquent à son imprudence et à l'inobservation des règlements administratifs, dont il ne doit jamais s'écarter, et qu'il a ainsi commis le délit de blessures par imprudence, prévu et puni par les articles 319 et 320 du Code pénal;

« Met l'interpellation à néant;

« Ordonne que ce dont est appel sortira son plein et entier effet, et condamne Petiet aux frais du procès. »

ACCIDENT SUR LE CHEMIN DE FER DE MONTPELLIER A CETTE

(29 juillet 1844.)

Les journaux de l'Hérault et ceux de Paris avaient rendu compte de cette terrible catastrophe, par suite de laquelle *trois personnes perdirent la vie, et cinquante-cinq autres furent plus ou moins grièvement blessées.*

Les circonstances de l'événement étant suffisamment analysées dans le jugement qui va suivre, nous nous bornons à reproduire le dispositif.

TRIBUNAL CORRECTIONNEL DE MONTPELLIER

PRÉSIDENCE DE M. GRASSET, JUGE.

La prévention avait été soutenue avec force par *M. Fluchaire*, substitut du procureur du roi.

Me *Jammes*, avocat, prit la parole au nom des parties civiles.

La défense des prévenus fut présentée par Mes *Poujol* et *Estor*; celle de l'administration du chemin de fer par Me *Poutingon*.

Le tribunal rendit, le 21 septembre 1844, le jugement suivant :

« Attendu que dans la matinée du 29 juillet 1844, un grave accident a eu lieu sur le chemin de fer de Montpellier à Cette, à la gare dite de Rossignol;

« Que, par l'effet de cet accident, trois personnes, les sieurs *Spotourno*, *Tassy* et *Villard* ont perdu la vie, et cinquante-cinq environ, parmi lesquelles les six parties civiles dans l'instance actuelle, ont été plus ou moins grièvement blessées;

« Attendu que la mission de la justice, dans cette circonstance, n'est point de rechercher en principe et d'une manière générale, *s'il existe ou non des vices d'organisation à corriger ou des améliorations à introduire dans l'administration du chemin de fer de Montpellier à Cette;* mais qu'il s'agit seulement pour le tribunal de déterminer quelle a été la cause spéciale et directe de l'événement du 29 juillet, et à la faute de qui cette cause doit être imputée;

« Attendu à cet égard que l'instruction et les débats ont démontré d'une manière non douteuse que l'accident du 29 juillet a eu pour cause la mauvaise direction de l'aiguille de la gare de Rossignol, c'est-à-dire l'ouverture de cette gare au moment de l'arrivée du convoi;

« Attendu qu'il a été établi d'autre part, avec la même certitude, que cette cause doit être imputée à la négligence, l'imprudence et l'inobservation des règlements de la part des inculpés *Deleuze* (cantonnier chef) et *Vassas* (aide-cantonnier);

« Qu'il résulte, en effet, de la procédure que, le jour de l'événement, Deleuze, qui, en sa qualité de chef cantonnier, devait, suivant les règlements de l'administration, rester seul dépositaire de la clef de la gare de Rossignol, et ouvrir lui-même ou fermer ladite gare, s'est dessaisi de cette clef et l'a remise à Vassas, son aide-cantonnier, lui confiant un soin dont il était lui-même exclusivement chargé ;

« Attendu qu'après cette première infraction aux règlements, Deleuze a eu l'imprudence de ne pas s'assurer que Vassas avait réellement fermé la gare avant le passage du convoi ;

« Attendu que Deleuze n'avait pas fait avant l'arrivée du convoi la visite complète de son canton, visite qui lui était prescrite par les règlements en sa qualité de chef cantonnier ;

« Attendu que Vassal a contrevenu aux mêmes règlements, qui lui étaient communs avec Deleuze, en consentant, malgré leur prohibition, à se charger de la clef de la gare, et du soin de l'ouvrir et de la fermer ;

« Qu'il a commis la faute plus grave encore, après s'être chargé d'un soin qui ne lui appartenait pas, et qu'il pouvait refuser, de s'en mal acquitter en ne fermant pas cette gare ;

« Attendu que l'un et l'autre ont, contrairement aux ordres de l'administration, laissé stationner sur ladite gare le waggon contenant les outils du cantonnier, ce qui indique d'autant plus la négligence qu'ils ont apportée ce jour-là dans leur service ;

« Attendu que les faits ci-dessus constituent à l'égard des deux inculpés le délit prévu par les articles 319 et 320 du Code pénal, et qu'en raison de la haute gravité des résultats occasionnés par ce délit, le tribunal doit apporter une juste sévérité dans sa répression;

« Attendu néanmoins qu'il faut reconnaître que Deleuze était le supérieur hiérarchique de Vassas; que c'est Deleuze qui le premier a eu le tort de se dessaisir de la clef de la gare, et que ses antécédents comme employé du chemin de fer sont moins favorables que ceux de Vassas; qu'il y a lieu par conséquent de tenir compte de ces diverses circonstances dans l'application de la peine;

« Attendu que chacune des parties civiles a été plus ou moins grièvement blessée, et a éprouvé ou éprouve encore une maladie ou une incapacité de travail par suite de cet accident; que toutes ont droit, par conséquent, à des dommages-intérêts dont la quotité doit varier suivant le degré de préjudice occasionné à chacune d'elles;

« Attendu que l'administration du chemin de fer doit être déclarée civilement responsable des condamnations qui seront prononcées contre les dits Deleuze et Vassas, ses préposés;

« Par ces motifs :

« Le tribunal condamne Deleuze à la peine de huit mois d'emprisonnement et 80 francs d'amende; Vassas, à la peine de six mois d'emprisonnement et

50 francs d'amende; les condamne en outre à payer, à titre de dommages, savoir : à la demoiselle Dupré, la somme de 1,200 francs; au sieur Sia, 600 francs; et à chacun des sieurs Tally (Victor), de la demoiselle Chauraud, du sieur Turc, au sieur Robert, 150 francs; fixe au *minimum* légal la durée de la contrainte par corps;

« Déclare l'administration du chemin de fer de Montpellier à Cette civilement responsable des condamnations pécuniaires prononcées contre les dits Vassas et Deleuze, ses employés. »

ACCIDENT SUR LE CHEMIN DE FER DE MONTPELLIER

(26 octobre 1844.)

Le Courrier de l'Hérault, autre journal de Montpellier, ajoutait :

« Le nouvel accident survenu samedi dernier au chemin de fer de Montpellier à Cette, et qui, *par un hasard providentiel*, n'a eu d'autres suites qu'un long retard dans l'arrivée du convoi et une terrible anxiété parmi la population de Cette et de Montpellier, est encore le résultat de la négligence de l'un des agents de l'administration. Le garde

Jean **Biremond** a laissé une gare ouverte pendant plus d'une heure, alors qu'il aurait dû la fermer immédiatement après le passage du convoi des marchandises, et ce n'est qu'après l'accident qu'il s'est aperçu de son inconcevable négligence en donnant des signes du plus violent désespoir.

« Quand le convoi venant de Cette est arrivé à Mireval, l'excentrique n'était pas en place, les rails ont manqué à la locomotive, qui a continué à marcher sur le sol, et ne s'est arrêtée qu'après avoir parcouru un espace d'environ vingt-cinq mètres.

« Aucune voiture n'a été renversée ; la locomotive s'est arrêtée à peu de distance de la voie de gauche, mais sans se renverser, quoiqu'elle fût inclinée sur la droite. Le convoi se composait de cinq voitures ou waggons ; les deux premières ont seulement quitté la voie. Cette circonstance tient à ce que le convoi, venant de quitter la gare de Maureilhan, n'était pas encore animé d'une grande vitesse.

Observations. — Que de tristes réflexions suggèrent ces faits déplorables !

Hé quoi ! on punit d'une amende, en police municipale, le portier ou le concierge qui laisse une porte ouverte la nuit, par cela seul qu'il donne aux voleurs l'idée ou la facilité d'entrer dans une maison qui doit être fermée la nuit. Le propriétaire est *civilement responsable* de la faute commise par son préposé. Et une compagnie de chemin de fer dont un employé, *en laissant une gare ouverte, expose des centaines de personnes à la mort ou à des blessures graves n'a aucune peine à encourir !*

Il y a une lacune dans la loi répressive des accidents de cette nature, et il nous semble qu'il suffit de la signaler à M. le garde des sceaux ministre de la justice et à M. le ministre des travaux publics.

Espérons que la loi qui se prépare comblera cette lacune.

ACCIDENT SUR LE CHEMIN DE FER D'ORLÉANS A TOURS

(15 août 1845.)

Le vendredi 15 août 1845, vers quatre heures du matin, une locomotive qui fonctionne en ce moment sur le chemin de fer d'Orléans à Tours, près de Meung, pour le transport des matériaux, et quatre waggons, ont été presque entièrement brisés *par l'imprudence du chauffeur de la machine, John Biresford,* ouvrier anglais. Voici comment cet accident est arrivé :

John, qui est chargé de chauffer et de préparer la

machine pour six heures, heure à laquelle vient le mécanicien, s'est levé vendredi deux heures plus tôt que de coutume. La machine étant prête, et le jour n'arrivant pas, il a mis la locomotive en action et se promena sur la ligne; mais, *inexpérimenté* dans la direction d'un semblable moteur, il n'a pas tardé à être lancé avec la rapidité la plus grande; et, dans l'obscurité de la nuit, il s'est jeté sur quatre waggons qui, après les travaux de la veille, étaient restés sur la ligne. Le choc a été si violent, que les charpentes des waggons ont été fracassées, les ressorts forcés, la locomotive elle-même fracturée, et que le tender brisé s'est détaché de la machine et est resté sur la place.

L'imprudent auteur de cet accident n'a reçu aucune blessure, et il a pu ramener au chantier la locomotive endommagée.

Observations. — Il faut faire la part qu'à cette époque les chemins de fer, en France, étaient encore *dans l'enfance de l'art*, puisqu'on faisait venir des ouvriers, des mécaniciens, des chauffeurs *anglais*, pour la construction de la voie et des machines et pour leur exploitation, *après onze ans d'essais!*

Mais quelle immense responsabilité assume une administration en pareil cas! Quelle horrible catastrophe eût pu suivre l'impéritie du chauffeur, si le

convoi avait été garni de voyageurs au lieu de manœuvrer à vide !

Quel fut le sort de l'employé coupable d'une telle
imprudence? On l'ignore; c'est le secret de la compagnie.

Qu'il nous soit seulement permis de raconter une
anecdote du temps de l'Empire :

« Un maréchal avait désobéi à Napoléon Ier, en
se portant, contre ses ordres, sur un point où il n'a-
vait pas rencontré l'ennemi. L'Empereur ne lui en
ôta pas moins son commandement pour la bataille
qui allait se livrer.

« — Mais, sire, dit le maréchal si cruellement
puni d'un excès de zèle, *je n'ai perdu aucun homme
de mon corps !*

« — Non, lui répond Napoléon, *mais il suffit
d'avoir exposé un seul fantassin à être tué,* pour
que je donne cet exemple salutaire à mon armée. »

ACCIDENT SUR LE CHEMIN DE FER DE SAINT-ÉTIENNE, A LYON

(22 septembre 1845.)

Le 22 septembre 1845, dans l'après-diner, quelques waggons de charbon descendaient de Rive-de-

Gier à Lyon et avaient répandu sur la voie une partie de leur chargement. Par une négligence inconcevable, ces charbons n'avaient pas été enlevés, lorsque le train des voyageurs, parti de Saint-Étienne à six heures du soir, arriva vers huit heures sur le point encombré; l'obscurité de la nuit n'avait pas permis au mécanicien d'apercevoir l'obstacle et de suspendre ou de ralentir la marche du convoi. La locomotive et le tender furent lancés hors des rails et précipités dans le Rhône, dont les eaux étaient très-grosses en ce moment-là. Le conducteur de la première voiture avait pu, par un bonheur miraculeux, faire jouer à temps la machine à décrocher, et séparer aussi le convoi de la locomotive, qui, sans cela, l'aurait entraîné dans le Rhône.

AUTRE ACCIDENT SUR LE MÊME CHEMIN DE FER

(22 septembre 1845.)

Le 22 septembre 1845, une locomotive partie de Lyon traînait à sa suite soixante à quatre-vingts waggons vides; arrivée au tournant qui se trouve entre la tour de Millery et Grigny, un waggon sort des rails et va se jeter sur la voie de montée : au moment même le convoi de voyageurs qui part de Saint-Étienne à six heures débouchait sur la courbe, en marchant à toute vitesse. En vain l'on veut avertir, la locomotive des voyageurs vient se précipiter sur le waggon qui obstrue le passage : un craquement affreux se fait entendre jusqu'au débarcadère de Vernaison.

Plusieurs waggons sont brisés, le caisson est renversé, la première voiture est soulevée des rails; la locomotive elle-même, malgré son poids, est rejetée violemment loin du chemin et tombe le long du glacis, au bord du Rhône.

Le machiniste n'a reçu que quelques blessures, qui sont, dit-on, sans danger; *le chauffeur a sauté de dessus le tender* et n'a pas éprouvé le moindre mal; *les voyageurs en ont été* quittes pour une forte secousse et pour la peur. *C'est vraiment un miracle, et l'on frémit en pensant aux malheurs qu'un pareil accident pouvait entraîner.* Le convoi n'a repris sa route pour Lyon qu'entre onze heures et minuit.

Cet accident aurait pu avoir les conséquences les plus désastreuses à cause du lieu où il est arrivé. C'était sur le bord du Rhône, à un endroit où le rail-way côtoie le fleuve, et où aucune barrière n'existait alors pour prévenir un danger sans cesse menaçant, que cette rencontre avait eu lieu. C'est au courage et à la présence d'esprit du machiniste blessé que le convoi a dû son salut. Cet homme avait réussi à isoler les waggons de la locomotive, qui avait été précipitée dans le fleuve, et c'était, en la détachant qu'il avait été contusionné. Nous laissons à penser quels affreux désastres l'on aurait eu à déplorer si cet homme ne s'était dévoué au salut des voyageurs qui lui étaient confiés (1).

AUTRE ACCIDENT SUR LE MÊME CHEMIN DE FER.

(4 octobre 1845.)

Le Courrier de Lyon raconte ainsi ce nouvel événement :

« Samedi soir, 4 octobre, les habitants de la Mulatière ont failli être témoins d'un immense désastre.

« A quatre heures moins un quart, au moment où le convoi de voyageurs, partant pour Saint-Étienne, arrivait à la hauteur du pont de la Mulatière, l'aiguille de l'embranchement du pont de service s'est trouvée ouverte, et *la locomotive s'y est précipitée,*

(1) *Gazette des Tribunaux* du 28 septembre 1845.

entraînant avec elle douze voitures pleines de voyageurs, avec une vitesse de six lieues à l'heure!

« Aussitôt que le conducteur s'est aperçu du danger que couraient les voyageurs, le signal de serrer les freins a été donné; mais la distance à parcourir entre la voie principale et le pont de service, qui, de son côté, traverse seulement la première arche du pont, et s'arrête à la seconde, est à peine de vingt-cinq à trente mètres, et la locomotive se dirigeait vers cet abîme!

« Le convoi et les voyageurs étaient donc sur le point d'être précipités dans la Saône, quand, par un bonheur providentiel, la machine et son tender ont déraillé, et se sont arrêtés à l'entrée du pont de service. Sans cette circonstance, qu'il faut attribuer à la faiblesse des rails, qui ont fléchi sous le poids de la locomotive, qui s'est renversée et a arrêté le convoi tout court, *deux cents personnes étaient précipitées dans la Saône, avec les voitures, d'une hauteur de vingt mètres !*

« On frémit en pensant à quel hasard tant de voyageurs doivent la vie !

« Une nouvelle locomotive venue de la Mulatière est alors arrivée, et après quelques instants, a repris le convoi *sauvé par miracle*, qui a continué sa route comme si de rien n'était. »

OBSERVATIONS. — Que peut-on ajouter après le récit de semblables accidents? *Bénissons la Providence!*

ACCIDENT SUR LE CHEMIN DE FER DE STRASBOURG

(1er novembre 1845.)

Un accident qui pouvait avoir les suites les plus terribles arriva le samedi soir 1er novembre **1845**, sur le chemin de fer, au croisement de niveau près d'Eguisheim. La malle de Lyon, en traversant le chemin de fer, ne put passer outre, les barrières étant fermées de l'autre côté de la voie ; le convoi du chemin de fer n'était qu'à une centaine de mètres de la croisière. Dans ce moment, le postillon eut la présence d'esprit nécessaire pour tourner bride et fuir avec les chevaux sur la seconde voie dans le sens longitudinal ; mais ce mouvement ne fut pas opéré assez vite pour que la voiture fût à l'abri d'un choc. La locomotive, en passant, accrocha une roue de derrière de la malle, et la secousse fut si violente que la voiture vola en éclats ; le courrier fut lancé à vingt-cinq pas de là dans un fossé ; le postillon tomba à côté des rails, et un voyageur qui était dans la malle se releva au milieu des débris de la voiture. Le voyageur et les chevaux en furent quittes pour quelques secousses sans suites, le postillon pour quelques contusions ; le courrier n'eut point de blessures dangereuses.

Qui fallait-il accuser de cet accident si grave ? Il s'agissait de savoir si les barrières étaient fermées du côté d'où était arrivée la malle, comme elles doivent l'être partout à l'approche et au passage d'un convoi.

Il résulta des informations prises que le garde les avait fermées en effet, mais qu'elles étaient *dans un état de délabrement tel, qu'il suffisait sans doute de les heurter de pied pour les ouvrir.* Le brouillard avait empêché le postillon de voir que les barrières étaient fermées.

ACCIDENT SUR LE CHEMIN DE FER DE LYON A SAINT-ÉTIENNE

(13 janvier 1846.)

Les journaux de *la Loire* contenaient dans leur numéro du 23 janvier 1846 le compte-rendu suivant :

« Dans la soirée du mardi au mercredi, un accident, qui aurait pu avoir des suites graves, a un moment répandu l'alarme parmi les voyageurs que les waggons transportaient de Lyon à Saint-Étienne. Au moment où le convoi passait sous le dernier tunnel qu'on rencontre avant Rive-de-Gier, une des roues de la dernière voiture s'est brisée. Des cris se sont fait entendre, et le convoi a été arrêté à l'instant. Un tumulte extraordinaire s'est fait aussitôt. Les voyageurs étaient très-nombreux; tout le monde a voulu descendre pour se rendre compte de l'accident, et il est aisé de se figurer tout ce que ce mouvement avait d'étrange sous la sombre voûte du tunnel, au milieu des clartés rougeâtres des lanternes, et de quel bruit sourd et vraiment lugubre toutes ces voix confuses remplissaient l'étroit et long souterrain. Heureusement, aucun accident n'était arrivé : on en fut quitte pour laisser derrière la voiture écloppée. Les voyageurs, privés de leurs places, furent obligés, comme on le pense bien, de se réfugier dans les autres compartiments du convoi; mais comme ceux-ci étaient littéralement pleins, qu'on se figure le tohu-bohu, la cohue, le tapage que produisait l'invasion violente des voisins par les portières, et même par les fenêtres! La personne qui écrit ceci a eu l'agrément de *recevoir un monsieur sur son chapeau,* qu'il lui a été impossible de dégager. Son chapeau n'était pas *un Gibus à ressort.* C'est une

question importante de savoir si l'administration est
tenue à une indemnité. »

OBSERVATIONS. — On rit de tout en France : chez
nos voisins d'outre-mer, plus sérieux que nous, le
propriétaire du chapeau avarié aurait eu devant les
tribunaux, peut-être, *un farthing* de dommages;
mais la compagnie aurait payé *les dépens* (énormes
en Angleterre) pour lui tenir lieu d'avertissement.

AUTRE ACCIDENT SUR LE MÊME CHEMIN DE FER

(1er mars 1846.)

Le Courrier de Lyon donnait, le 2 mars 1846,
sur ce déplorable malheur, les détails suivants :

« Hier, dans l'après-midi, pendant que notre population couvrait les quais de la rive droite et de la
rive gauche du Rhône, et qu'elle jouissait de l'une
des plus belles journées de la saison, un bruit sinistre
s'est répandu et a bientôt pris la consistance de la
vérité. Une catastrophe qui, par ses résultats, rappelle presque celle du chemin de fer de Versailles,
venait d'arriver sur celui de Saint-Étienne à Lyon.

« Rendus sur les lieux à huit heures, nous avons
en effet trouvé la voie ferrée encombrée, sur une lon-

gueur d'une centaine de mètres, de waggons, de tenders, de locomotives chevauchant les unes sur les
autres; les waggons brisés, broyés, et la plupart
dans une position verticale à la voie ferrée, et se
soutenant les uns les autres dans cette position, résultat du choc qui avait eu lieu. Les voyageurs en
avaient déjà été retirés : les uns morts ou blessés,
les autres, beaucoup moins malheureux, n'avaient
été que simplement contusionnés. Le spectacle que
présentait la voie ferrée en ce moment était horrible
à voir, et il est difficile, à qui n'en a pas été témoin,
de s'en faire une idée exacte. Voici, d'après les renseignements pris sur les lieux, comment l'accident
serait arrivé :

« A Vernaison, la locomotive, qui entraînait le
convoi parti de Saint-Étienne à midi, s'est dérangée
et n'a plus pu fonctionner. Deux dépêches seraient
alors parties, l'une pour Lyon, l'autre pour Givors,
afin de faire arriver une locomotive de secours. On
pensait que l'une des deux au moins serait expédiée.
Celle venant de Givors arriva la première et fut immédiatement placée à la tête du convoi, qui reprit
immédiatement sa route.

« Arrivés dans la plaine d'Yvours, à peu de distance du tunnel de Pierre-Bénite, les conducteurs de
la machine virent arriver sur eux à toute vapeur la
locomotive de renfort partie de Lyon ; il paraît alors,

ou *qu'ils perdirent la tête*, ou que la distance qui séparait les deux locomotives dut rendre leurs efforts impuissants, car *ils s'élancèrent hors de la voie* en furent quittes pour des blessures plus ou moins graves.

« L'un d'eux s'est cassé la jambe, nous a-t-on assuré.

« Une seconde après, un bruit épouvantable se faisait entendre, et le reste est plus aisé à concevoir qu'à exprimer.

« A onze heures du soir, les morts, qui avaient été provisoirement déposés dans la maison du cantonnier du chemin en ont été retirés et placés dans un waggon spécial qui s'est dirigé sur Lyon, remorqué par un cheval. Quant aux blessés, ils ont été répartis dans diverses maisons de Pierre-Bénite, où ils ont reçu les premiers secours; plusieurs d'entre eux ne survivront pas probablement à leurs blessures.

« Toute la nuit, des ouvriers ont été occupés à déblayer la voie ferrée; mais cette opération, qui s'est faite à la lueur des flambeaux, doit être très-longue; elle n'est d'ailleurs pas sans dangers à cause de la position des wagons, et ne sera probablement terminée qu'aujourd'hui dans la journée.

« On raconte que peu d'instants après le terrible événement, et dès que les ouvriers charpentiers et cantonniers ont entrepris de déblayer les voitures qui formaient une montagne, une petite fille de quatre ans jetait des cris plaintifs, se trouvant engagée sous un madrier de chêne, et des débris amoncelés des voitures; on s'est empressé de lui porter secours en soulevant, au moyen d'un cric, les pièces de bois qui la couvraient; mais, soit que l'instrument fut mal assujetti, soit qu'il se soit enfoncé en terre, la pièce est retombée sur l'enfant, qui n'a plus fait entendre aucun cri, aucune plainte : *elle était morte!*

« On nous rapporte que l'un des voyageurs du convoi d'hier, et qui a heureusement échappé, avait failli déjà périr, il y a trois ans, dans la catastrophe de Versailles. »

L'administration du chemin de fer faisait parvenir en même temps, aux journaux, une note dans laquelle elle annonçait qu'il y avait eu *huit personnes tuées et quatorze blessées.* Mais les renseignements parvenus le lendemain apprirent au public que malheureusement le nombre des tués était de *douze à treize, y compris ceux des blessés qui avaient succombé depuis.*

On pouvait hardiment, ce jour-là, évaluer *le chiffre des victimes à trente-cinq ou quarante.*

Dès que la nouvelle parvint à Paris, *M. Lherbette,* député, fit à la chambre des interpellations à M. le ministre des travaux publics sur cette catastrophe qui préoccupait tous les esprits, M. le ministre donna lecture du rapport à lui adressé par le préfet du Rhône sur l'accident.

L'information judiciaire commença sur-le-champ. Pendant que l'instruction avait lieu, on lisait, le 11 mars 1846, dans le *Mercure Ségusien*, journal de Saint-Étienne :

« Un nouvel accident vient de corroborer ce que nous avons dit sur le déplorable état où se trouve une partie des locomotives du chemin de fer de Saint-Étienne à Lyon, et sur la nécessité de procéder à un examen qui, en frappant d'interdiction les machines impropres au service, mette à l'abri du danger les voyageurs.

« Hier mardi, la locomotive, qui devait amener le convoi du matin de Givors à Rive-de-Gier, s'est trouvée, après trois kilomètres de marche, dans l'impossibilité d'aller plus loin, et l'on a été dans l'obligation de redescendre les voitures à Givors. Il n'y a eu qu'une perte de temps; mais *sans la cruelle leçon du 1ᵉʳ mars*, et si le convoi eût été plus avancé, nous aurions eu peut-être de nouveaux malheurs à déplorer. Le désastre de Pierre-Bénite n'a-t-il pas eu pour cause première *le mauvais état de la machine* employée à la traction de Givors à Lyon ? »

Le même journal, *le Mercure Ségusien* du 25 mars 1846, relatait un autre accident, dû à une bien coupable négligence, et qui offrait une fatale ressemblance avec le sinistre de *Bonnières*, que nous allons rapporter tout à l'heure :

« Avant-hier, la voiture des messageries générales *a failli être victime d'un terrible accident*, à son entrée à Saint-Étienne. Arrivée à la terrasse, et passant sur la route royale au point où celle-ci est traversée à niveau par le chemin de fer de Saint-Étienne à Andrézieux, un convoi de waggons est venu la heurter avec une telle violence qu'elle a été rejetée à distance. Heureusement, le postillon a fouetté vivement les chevaux, et les voyageurs en ont été quittes pour une frayeur extraordinaire; un rayon de la roue de derrière, sur laquelle a porté la locomotive, a été cassé. Plainte de ce fait vient d'être portée devant l'autorité compétente. On sait qu'aucune barrière n'est placée dans cet endroit, qui est fréquenté autant qu'une rue des plus passantes de notre ville, et à tout instant les locomotives débouchent sur les voitures bourgeoises, diligences, chars de laitières, chars de charbons, etc.

Cependant l'instruction se poursuivait sur le funeste événement du 1er mars 1846, et cette instruction achevée, les débats s'ouvrirent le 30 juin suivant.

TRIBUNAL CORRECTIONNEL DE LYON

Audience du 30 juin 1846

PRÉSIDENCE DE M. FRANÇOIS

Catastrophe du 1er mars 1846 sur le chemin de fer de Saint-Étienne à Lyon. — Huit morts. — Cinquante blessés.

« Les désastres causés par l'accident survenu le 1er mars dernier, sur le chemin de fer près Pierre-Bénite, sont encore trop présents à la pensée pour qu'il soit nécessaire de retracer les circonstances qui ont entouré ce lugubre événement. La nouvelle jeta en émoi toutes les populations environnantes : chacun se demandait quand se clorait la série des victimes nombreuses que semblaient faire les chemins de fer, et particulièrement le chemin de Saint-Étienne? Durant quelques jours, ce ne furent, au sein de la cité lyonnaise, que des scènes de deuil et de désolation, et longtemps encore après, cette lamentable catastrophe était l'unique sujet de conversation d'une foule de familles.

« Une information fut requise par *M. Massot*, procureur du roi, et sur le réquisitoire de ce magistrat, la chambre du conseil a renvoyé devant le tribunal de police correctionnelle les nommés *Lau-*

rent dit *Pierredon*, chef de station au chemin de fer de Saint-Étienne à Lyon, *Jobert*, mécanicien, et *Meutet*, inspecteur sur le même chemin.

« L'administration est citée comme civilement responsable.

« Au moment de l'appel de la cause, les trois prévenus prennent place à la barre. On remarque que deux d'entre eux sont grièvement blessés : *Laurent* porte le bras en écharpe, le mécanicien *Jobert* se traîne sur deux béquilles, et ne peut se tenir debout pour répondre à l'interpellation qui lui est faite.

« Le tribunal est composé de *M. François*, président, et de *MM. Camger* et *Fayard*, juges.

« *M. Rieussec* occupe le fauteuil du ministère public en remplacement de M. le procureur du roi *Massot*, qui devait porter la parole, mais qui s'est trouvé indisposé.

« *Mes Humblot, Genton, Valentin* et *Rambaud* sont chargés de la défense des prévenus et de la compagnie du chemin de fer.

« Aucun plaignant ne se porte partie civile ; la compagnie du chemin de fer, dès le lendemain même de l'accident, s'était empressée de désintéresser tous ceux qui avaient souffert quelque dommage.

« Le greffier donne lecture du réquisitoire du ministère public, afin de renvoi en police correctionnelle. (Ce réquisitoire contenait un récit long, détaillé, consciencieux, des faits déjà connus plus haut.)

« Cette lecture achevée, le greffier lit le rapport de *MM. Caillot* et *Laurent-Desormes*, ingénieurs du département.

« M. le président interroge *M. Gervoy*, directeur du chemin de fer.

« On entend ensuite les témoins. Puis on procède à l'interrogatoire des prévenus.

« Le tribunal avait aussi ordonné qu'il se transporterait tout entier, le 1er juillet, pour visiter les diverses locomotives qui avaient manœuvré le 1er mars, jour de l'accident.

« M. l'ingénieur en chef *Cailloux*, l'un des experts commis dans l'affaire, fait sa déposition, à l'audience du 6 juillet. Cette déposition est confirmée par celle de *M. Pigeon*, autre ingénieur.

« Le tribunal entendit aussi *M. Périchon*, dont la maison fut un asile ouvert aux blessés lors de l'accident.

« La prévention et la défense n'ayant plus de témoins à entendre ni d'observations à présenter, la parole est donnée au ministère public.

« *M. Rieussec* se lève et commence ainsi son réquisitoire :

« . . . . . . C'est, messieurs, une belle invention

que celle des chemins de fer ; elle donne la plus haute idée du génie et surtout de la hardiesse de l'homme. Grâce à elle, toutes les capitales de l'Europe vont devenir voisines (1), toutes les distances vont disparaître, et le jour n'est pas loin peut-être où toutes les nations se confondront en une seule, ou du moins seront sœurs par les mœurs, les lois et les idées. Immense bienfait, sans doute, mais qui serait payé bien cher s'il fallait l'acheter par des catastrophes aussi déplorables que celles de Versailles et de Pierre-Bénite. »

Ici, le ministère public rappelle les faits du procès ; il résume les débats d'audience, les rapports des experts, les dépositions des témoins à charge et à décharge. Puis *M. Rieussec* soutient la prévention.

Après les plaidoiries des défenseurs, le tribunal rendit, le 10 juillet 1846, un jugement qui condamna le sieur Laurent à six mois de prison et à 500 fr. d'amende, Jobert à 50 fr. d'amende, condamna l'administration comme civilement responsable, et renvoya Mulot de la plainte.

Nota. Ce procès passa presque inaperçu, et voici pourquoi : à la même époque s'ouvrirent les débats de l'affaire du *duel Dujarrier-Beauvallon*, ceux

---

(1) Ce fait immense, prophétisé en 1846, s'est aujourd'hui accompli.

de l'*évasion du fort de Ham*, qui préoccupèren l'attention publique bien plus que ce fatal accident de Pierre-Bénite, où la pitié l'emporta sur le ressentiment qu'inspiraient de malheureux employés coupables de négligence, mais blessés eux-mêmes, et qui ne pouvaient répondre d'un matériel mal établi, contre lequel même une vigoureuse protestation fut soulevée vis-à-vis cette entreprise si malencontreuse (1).

D'ailleurs les colonnes des journaux judiciaires qui devaient fournir la suite des débats de l'accident du 1er mars, dit de *Pierre-Bénite*, furent, au même moment, envahies par les détails d'un bien plus épouvantable malheur : L'ACCIDENT DE FAMPOUX, dont nous allons parler à sa date.

ACCIDENT SUR LE CHEMIN DE FER DE ROUEN

21 mars 1846.

Le 21 mars 1846, vers le milieu du jour, le bruit se répandit dans Paris qu'un déplorable événement avait eu lieu entre sept et huit heures du matin au chemin de fer de Rouen, à la station de Bonnières,

(1) Voir les journaux du 9 mars 1846.

la première après celle de Poissy. Des bruits sinistres circulaient notamment à la Bourse et à la Chambre des députés.

Voici ce qui avait eu lieu :

Dès la veille, un train spécial avait été mis par l'administration du chemin de fer à la disposition de la commission de la chambre des députés chargée de l'examen du projet de loi portant allocation d'un crédit de 37,500,000 francs pour les travaux de fortification du Havre, afin que cette commission, partant de Paris à six heures, pût arriver à Rouen pour neuf heures, moment du départ du bateau à vapeur du Havre. Un avis spécial avait été donné le 21 mars sur toute la ligne, pour avertir du passage de ce convoi, qui ne devait s'arrêter qu'aux quatre stations principales.

A six heures un quart, ce convoi spécial se mit en route ; indépendamment des huit membres de la commission de la chambre, qui étaient : MM. le général *Paixhans*, le général *d'Houdetot*, le colonel *Dumas*, les lieutenants-colonels *de Lassalle* et *Chabaud-Latour*, *MM. de Lorgues*, *Allard* et *Ardant*, six autres personnes avaient pris place dans les voitures; ces personnes étaient : *MM. Guastier*, pair de France, *Barbet*, maire de Rouen, *Boursy*, directeur général des contributions indirectes, Joseph *Périer* et *Roudeaux*.

A sept heures et quelques minutes, au moment
où, après avoir passé le pont placé en avant de la
station de Bonnières, le train débouchait à grande
vitesse, car il ne devait pas s'arrêter, le mécanicien
placé sur la locomotive aperçut que le cantonnier lui
faisait le signal d'arrêt; il serra aussitôt les freins et
ferma le régulateur; mais tous ses efforts furent
impuissants pour arrêter l'élan imprimé au train
et à la machine... Elle vint se heurter contre une
diligence faisant le service de Falaise, laquelle contenait vingt-deux voyageurs, et traversait en ce
moment la voie pour se placer de façon à s'adjoindre
au premier convoi venant de Rouen à Paris, qui
devait se croiser à la station de Bonnières avec le
train spécial de la commission de la chambre des
députés.

Le choc produisit une commotion terrible : la
diligence fut lancée en travers de la voie. Un voyageur placé dans le coupé *fut tué sur le coup;* deux
autres, le mari et la femme, reçurent des *blessures
tellement graves qu'ils ne tardèrent pas à expirer,*
malgré la promptitude des secours qui leur furent
donnés.

Sur les dix-neuf autres, **quinze furent blessés**
plus ou moins dangereusement, et quatre seulement
ne reçurent que des contusions légères.

Un des malheureux voyageurs de la diligence de

Falaise, qui, voyant arriver le train de Paris à toute vitesse, avait pu se jeter hors de la voiture, tomba sur les rails et eut *les deux jambes coupées par le convoi qui montait de Rouen.*

Quant au convoi spécial, cause fortuite de ce douloureux événement, les voyageurs qui le composaient ne ressentirent qu'une forte secousse, qui fit se heurter les uns contre les autres ceux d'entre eux qui se trouvaient rapprochés dans les compartiments de la diligence. Aussitôt que la locomotive put s'arrêter, un peu au delà de Bonnières, tous descendirent et s'empressèrent de donner des soins aux malheureux blessés, jusqu'à ce que des médecins, appelés de Bonnières et de Mantes, fussent arrivés sur le lieu du sinistre.

A la suite de cet événement, les membres de la commission de la Chambre des députés, qui n'eussent plus été en mesure d'arriver à Rouen pour s'embarquer pour le Havre, ne jugèrent pas convenable de poursuivre leur voyage, et le convoi de Rouen les ramena à Paris.

A la première nouvelle de l'événement, M. le procureur du roi de Mantes se rendit sur les lieux pour procéder à une enquête.

Le lendemain de ce sinistre affreux l'administration du chemin de fer adressa aux journaux la note suivante :

« Nous nous empressons, dans l'intérêt des familles des voyageurs, de publier l'extrait ci-joint du
rapport adressé au conseil d'administration de la
compagnie du chemin de fer de Rouen, par MM. le
docteur *Blandin*, professeur à l'Académie de mé-
decine, et *Colon*, médecin de la compagnie, qui, à
la première nouvelle de ce cruel événement, avaient
été envoyés sur les lieux.

« La diligence venant de Falaise contenait vingt-
deux voyageurs, deux ont été tués : ce sont *MM. Le-
bailly*, employé dans une maison de roulage, et
Lainé, tisserand.

« *M. Delgay*, tailleur à Mayenne, a eu l'extrémité du pied gauche écrasée, et a dû subir immédiatement l'amputation partielle du pied ; son état est
gravé, des accidents cérébraux s'étant manifestés
aussitôt après la chute.

« Madame Delgay a eu la clavicule gauche fracturée et a reçu à la région frontale une blessure qui
n'intéresse que les téguments.

« *MM. Delatouche*, de Mayenne ; *Grédiard
Lami*, de Falaise, ont reçu de légères blessures à
la tête. Madame *Courmassant* a eu le pouce droit
luxé ; la luxation a été réduite immédiatement. Un
autre voyageur a reçu une contusion à la tempe
gauche, qui a nécessité l'application de quelques
sangsues.

« Tel est le nombre exact des blessés. Des quatre derniers voyageurs nommés ci-dessus, deux sont partis le soir même pour Paris, les deux autres y sont arrivés hier, après avoir été visités à Bonnières par le médecin de la compagnie, qui s'y était rendu dès le matin. Tous les autres voyageurs sont partis pour Paris le jour même de l'accident.

« L'état de M. Delgay avait éprouvé hier une légère amélioration qui continue, d'après les rapports reçus ce matin même par l'administration. Celui de madame Delgay ne paraît pas devoir inspirer d'inquiétudes. Ces malades reçoivent les soins empressés de *M. Saucis*, médecin à Bonnières, et de deux religieuses de Mantes, qui avaient été mandées dès le premier moment. »

Les débats du procès s'ouvrirent, le 28 mai 1846, devant le tribunal correctionnel de Mantes (Seine-et-Oise), sous la présidence de *M. d'Inville*.

Les journaux judiciaires, en rendant compte de cette affaire, disaient : « On remarque dans l'auditoire un grand nombre de dames qui appartiennent à juste titre à *Mantes* LA JOLIE. A voir ces dames, on la trouve bien surnommée. »

Les prévenus étaient au nombre de trois : *MM. Lapeyrière*, chef d'exploitation du chemin de fer de Paris à Rouen ; *Gauthier*, chef de la station de Bonnières ; *John Stanley*, mécanicien anglais, qui montait la locomotive le jour de l'accident.

*M*es *Baroche* et *Baud*, avocats du chemin de fer de Paris à Rouen, défendaient les prévenus.

M. Amelot de la Rousilhe, procureur du roi, occupait le siége du ministère public.

L'ordonnance de la chambre du conseil renvoyait devant le tribunal correctionnel les trois prévenus pour homicide et blessures par imprudence.

Après la lecture de ce document, on procède à l'interrogatoire des prévenus, et ensuite à l'audition des témoins et à celle des experts commis, dont les rapports sont lus également à l'audience par M. le juge rapporteur.

A l'audience du 4 juin 1844, M. le procureur du roi a la parole, et s'exprime ainsi en commençant :

« Le chemin de fer de Paris à Rouen a été pour la première fois, il y a deux mois, le théâtre d'un de ces accidents terribles qu'engendre la locomotion par la vapeur, quand cet agent si formidable cesse un instant d'être dirigé par des mains habiles et sûres, ou quand la consigne, aussi rigoureuse sur une voie de fer que sur un champ de bataille, n'a pas été fidèlement observée.

« Vous en connaissez les suites déplorables : deux hommes ont péri, dix-huit autres ont été plus ou moins grièvement blessé. Le mal a été grand, sans doute, et cependant *nous devons remercier la*

Providence d'avoir été préservés d'un bien plus grand désastre.

« Hâtons-nous de le dire, la compagnie du chemin de fer a compris dans ce douloureux moment les devoirs que lui imposait non-seulement l'humanité, mais sa propre responsabilité.

« Elle ne s'est pas bornée à faire prodiguer aux victimes les soins les plus empressés, elle leur a offert spontanément, à eux et à leurs familles, une juste indemnité ; elle a réparé autant qu'il appartenait à l'homme de réparer un tel malheur. L'intérêt privé est donc satisfait (1).

« Reste aujourd'hui l'intérêt public, qui ne transige avec personne et qui doit occuper une large place dans ce procès ; l'intérêt public, que nous avons à défendre à la fois, il faut bien le dire, d'une part contre des intérêts égoïstes ou des amitiés complaisantes et faciles, de l'autre contre des haines, ces rivalités ardentes qui s'attachent à de grandes entreprises.

« Comment l'accident du 21 mars est-il arrivé ? Quelles en ont été les causes directes ou indirectes ? Quelle est la part de responsabilité qui appartient à chacun des prévenus ?

(1) Quel contraste, au moins consolant, avec ce malheureux *Apiau*, payant de la vie d'un fils et de la mutilation d'un autre fils le funeste accident du 8 mai 1842, et, en outre, TOUS LES DÉPENS *d'un long procès !!!*

« Nous allons examiner successivement toutes les questions, en cherchant autant que possible à ne blesser personne, mais aussi en disant librement sur les choses notre façon de penser. »

Ici le ministère public rappelle d'une manière lumineuse les faits de cet immense sinistre, soutient la prévention sur chacun de ses chefs, et termine ainsi :

« Notre tâche est terminée; la vôtre va commencer. Vous comprendrez l'intérêt qui s'attache à ce procès, l'importance des questions qu'il soulève et qui fixent en ce moment même l'attention de l'autorité. Il s'agit de savoir si l'emploi de convois irréguliers doit être enfermé dans de certaines limites; si la liberté de la voie ne doit être garantie pour eux que par des signaux, ou s'il faut y joindre une autre précaution, celle de les assujettir, quand on le peut, à une marche tracée d'avance; si leur vitesse doit demeurer illimitée et si rien ne doit ralentir leur marche. C'est au point de vue de la prudence et du bon sens que vous aurez à résoudre ces questions, qui sont intimement liées au jugement que vous allez rendre.

« Quant à la nature de la peine que vous aurez à prononcer, nous vous dirons : point de rigueur, mais aussi point de faiblesse. Quand on songe combien la plus légère inattention sur une voie de fer peut devenir désastreuse, on hésite entre l'indulgence et la sévérité. Vous apprécierez à un double point de vue les imprudences que nous reprochons aux prévenus. Comme hommes, vous ferez la part des faiblesses humaines, d'un moment de légèreté, d'irréflexion, dont les conséquences seules ont déjà été pour eux une terrible peine ; comme magistrats, vous vous pénétrerez de l'esprit de notre *loi nouvelle sur la police des chemins de fer, loi de sûreté publique, loi particulièrement faite pour protéger la société contre le monopole qu'exercent les compagnies de chemin de fer par la force des choses, monopole en vertu duquel des milliers d'existence leur sont chaque jour confiées* (1).

*M*ᵉ *Baroche*, avocat, présenta la défense de M. Lapeyrière, et s'attacha uniquement à disculper son client de l'accusation portée contre lui.

*M*ᵉ *Rodrigues*, avocat de *M. Gauthier*, chef de la station de Bonnières, discuta également les faits reprochés à son client.

*M*ᵉ *Escandes*, avoué à Mantes, présenta la défense du mécanicien *Stanley*.

---

(1) Nous sommes heureux de nous rencontrer, dans la pensée du moins, avec un organe du ministère public, le représentant de la société placée sous la protection de la loi et de la justice, sur ce que nous disions dans *l'introduction* de ce livre sur les faux calculs de la statistique, comparativement aux accidents des voitures et des diligences.

Après une réplique de M. le procureur du roi et des défenseurs, *Mc Baud*, avocat de la compagnie du chemin de fer de Paris à Rouen, s'exprima ainsi :

« La position de la compagnie me commande de dire le dernier mot dans ce grave procès. S'il était possible de conjurer par tous les sacrifices imaginables le malheur du 21 mars, aucun de ceux que vous voyez ici comme prévenus ne songerait à se défendre. Le malheur du 21 mars a été réparé matériellement autant qu'il pouvait l'être. C'est vis-à-vis d'un malheur matériellement irréparable que le débat s'engage. La compagnie, en réparant matériellement le malheur du 21 mars, a semblé porter contre elle-même une sorte de préjugé.

« Mais, devant un tribunal comme le vôtre, cette réparation ne doit pas être imputée à charge. Il y a à la compagnie du chemin de fer de Rouen des hommes qui, dans de semblables circonstances, touchent leur cœur et écoutent ses inspirations avant d'agir. Aussi le tribunal reconnaîtra que la conduite de la compagnie et de ses agents a été ce qu'elle devait être, parfaitement digne et honorable.

« Après avoir transporté trois millions de voyageurs depuis qu'il est ouvert à la circulation, le chemin de fer de Rouen, qui jusqu'alors n'avait pas eu le moindre accident, a eu, comme l'a dit M. le président, *son baptême de sang* ; qu'il lui soit permis, cependant, de porter à son crédit ce passé honorable dû, non au hasard, mais à la patience, à la vigilance, à d'immenses travaux.

« La compagnie du chemin de fer de Rouen a désiré vous dire un dernier mot de justice, d'équité, de clémence. Quand vous serez en face du texte de la loi que vous êtes chargés d'appliquer, vous aurez quelque difficulté pour ajuster le prévenu avec l'accident même qui lui est reproché. Quoi qu'il en soit, vous saurez vous dégager du milieu dans lequel vous êtes, vous ne prononcerez pas un jugement qui vous aurait été dicté à l'avance par une injuste prévention. Vous comprendrez, messieurs, qu'il y a ici une autre cause qu'une cause ordinaire, et que l'homme en présence de cet instrument dompté par lui, en présence de la vapeur toujours prête à se révolter, voit son génie dépassé par une force surhumaine.

« Vous jugerez humainement, messieurs, vous vous souviendrez que vous êtes les premiers à appliquer la loi. Vous vous souviendrez que M. Lapeyrière en vous disant son regret éternel de l'accident de Bonnières, a laissé tomber une larme de ses yeux. Cette larme, messieurs, pèsera dans la balance de votre justice. (Mouvement.) »

Le tribunal, après en avoir délibéré en la

chambre du conseil, rendit, à l'audience du 4 juin 1846, un jugement par lequel, appliquant l'article 19 de la loi de 1845, modifié par l'article 463 du Code pénal, il condamna M. Lapeyrière à 3,000 francs d'amende, M. Gauthier, chef de la station de Bonnières, à 2,000 francs, et le mécanicien Stanley, à 300 francs d'amende. La compagnie fut déclarée civilement responsable.

La loi de 1845 portait la peine de six mois à cinq ans de prison, et celle de 100 francs à 3,000 francs d'amende. Le tribunal, modifiant la peine de l'emprisonnement par l'application de l'article 463 du Code pénal, ne condamna qu'à la peine de l'amende.

Le jugement déclarait, en outre, qu'il y avait eu imprudence, de la part de M. Lapeyrière, en faisant partir de Mantes le train spécial dix minutes avant l'heure fixée par l'ordre de marche ; de la part de M. Gauthier, en n'envoyant pas à cinq cents mètres un homme armé d'un drapeau rouge déployé pour avertir de l'obstacle existant sur la voie, et de la part du mécanicien Stanley, en ne ralentissant pas à l'approche de la station de Bonnières, au sortir du tunnel de Rolleboise.

M. le procureur du roi de Mantes a interjeté appel *a minima* du jugement rendu contre le chemin de fer de Rouen à l'occasion de la catastrophe de Bonnières.

Cet appel, suivant les dispositions de la loi, fut porté devant le tribunal correctionnel de Versailles (jugeant comme *tribunal d'appel*).

M. Rabou, procureur du roi près le tribunal de Versailles, soutenait l'appel *a minima* du ministère public.

*M*es *Baroche, Baud* et *Rodrigue* demandaient la confirmation du jugement au nom des intimés.

Le tribunal, à l'audience du 6 août 1846, rendit un jugement par lequel il adopta les motifs des premiers juges, mais, en ce qui touchait MM. Lapeyrière et Gauthier, *attendu que la peine n'était pas proportionnée au délit*, condamna le premier à dix jours, et le second à cinq jours d'emprisonnement.

OBSERVATIONS. — Ces jugements portaient avec eux un profond enseignement. En effet, en présence de la conduite honorable et généreuse de cette compagnie qui vient d'elle-même au secours des infortunées victimes de l'accident et n'attend pas qu'on l'actionne en justice, comme cela malheureusement s'était vu, puisque pour pouvoir plaider *le cas de force majeure*, on fermait impitoyablement son cœur à tout sentiment d'humanité, et que *la question d'argent* l'emportait alors sur *la question d'une juste réparation*, quand on n'avait même plus à craindre une condamnation quelconque, pour fait d'imprudence ou d'impéritie en présence de l'hono-rabilité du chef d'exploitation, de ses antécédents si favorables, du chagrin profond qu'il témoigna par des larmes non simulées, à l'audience, quand on parlait *des deux victimes tuées*, et des nombreux blessés dans cette triste journée du 21 mars, il a fallu que les magistrats d'un tribunal supérieur se crussent étroitement liés par un texte de loi formel, pour ajouter *une peine corporelle à la peine purement pécuniaire*, déjà prononcée. D'autant plus que cette peine pécuniaire portait avec elle une expression de blâme, mitigée par les circonstances atténuantes, qui devait paraître suffisante pour l'expiation d'un cruel moment d'oubli de la part d'un homme qui avait fait ses preuves d'expérience et de prudente circonspection, dans l'exercice difficile de ses fonctions de chef d'exploitation.

Mais ce n'est pas seulement aux sommités de l'ordre administratif que la loi de 1845 avait voulu s'en prendre : ce qu'elle voulait surtout, c'était d'obliger les compagnies à se montrer sévères dans le choix de leurs préposés les plus humbles, auxquels elles confient, par une sorte de délégation, *la vie de nombreux voyageurs*.

A cet égard, qu'il nous soit permis de rappeler ce que nous avions déjà avancé en 1862 dans un travail moins sérieux, mais dont les déductions sont parfaitement applicables aux principes dont nous parlons plus haut.

Seulement nous prions nos lecteurs, soit qu'ils appartiennent à la classe, si intéressante pour moi qui écris ces lignes, des voyageurs sur notre réseau de chemins de fer, aujourd'hui autrement étendu qu'il y a vingt ans, lors de l'accident de Bonnières, soit qu'ils fassent partie des administrateurs, ingénieurs ou employés des compagnies de chemins de fer, dont le siége principal est à Paris, de bien se pénétrer que je ne fais d'allusion *à aucune personnalité*, et que je ne parle que des administrations de chemins de fer en général, c'est-à-dire, pour m'exprimer plus vulgairement, mais plus clairement, *des compagnies en bloc*.

Si on peut reprocher aux chemins de fer de nombreuses morts funestes, il faut convenir, en revanche, qu'ils font *vivre* beaucoup de monde.

Des industries, au nombre desquelles on peut citer : les messageries, les roulages, les maîtres de postes, les auberges, les cafés, etc., etc., ont souffert une suppression presque complète de la concurrence de la vapeur. Mais aussi, les entreprises nouvelles ont fait naître une foule d'occupations intermédiaires et embrassent un personnel, numériquement immense, attaché à leurs services.

Si, comme dans d'autres pays, le monopole des

chemins de fer était exercé par le gouvernement, on eût pu soumettre à l'examen préalable les fonctionnaires chargés de l'observation des règlements administratifs, pour la sécurité publique, et ne les admettre qu'après une épreuve de capacité relative à cet important métier.

Hélas ! il n'en est rien, et nous voilà, malgré nous, obligés d'en revenir au mot : *népotisme.*

Le népotisme s'exerce en grand dans nos grandes administrations privées.

Ce ne sont jamais les antécédents favorables, les études préalables, l'aptitude spéciale, ni la bonne conduite passée qui font entrer un postulant en place !

Tel administrateur donnera au jeune gandin qui aura eu le bonheur de faire valser dans un bal madame l'administratrice la préférence sur l'homme d'un vrai mérite.

La liste du personnel est un arbre généalogique.

Que de cousins, de neveux, de frères, de beaux-frères, ne voit-on pas émarger les feuilles mensuelles du caissier ! Cela se passe vraiment en famille.

Passons ce détail et revenons à la question.

1° D'abord, les employés sont-ils en nombre suffisant pour répondre aux besoins multiples de leurs divers services ?

2° Ensuite, choisit-on les hommes *ad hoc ?*

3° Enfin leurs émoluments sont-ils proportionnés à ce qu'il faut attendre d'eux dans leurs pénibles fonctions?

De même qu'il existe deux matériels, fixe et roulant, il y a sur la voie deux espèces d'employés; ceux à demeure : chefs de gares, chefs de stations, commissaires de surveillance, facteurs, hommes d'équipes, garde-ligne, garde-barrières, aiguilleurs, etc.; puis sur les convois : les chefs de trains, conducteurs et garde-freins, les vigies, chauffeurs, mécaniciens, graisseurs et *tutti quanti!* J'en passe, et non pas des meilleurs.

C'est principalement chez ces employés, le plus directement en rapport avec le public, qu'on devrait rencontrer la politesse, les égards, les soins dus aux voyageurs.

C'est d'eux qu'on doit exiger le sang-froid, la présence d'esprit et le culte des règlements qui régissent l'exploitation et la police des chemins de fer, après les lois spéciales.

C'est pénible à écrire : tout le contraire ressort de tout ce qui se passe sous vos propres yeux et des nombreux procès soumis journellement aux tribunaux.

L'employé de chemin de fer, l'expliquera qui veut, est impoli, dénué de complaisance envers le public.

Il se soucie peu de sa vie, encore moins de celle du voyageur qui est confiée à sa prudence.

Qui ne frémit en pensant qu'un aiguilleur, un gardien à niveau ou de barrière endormi peut occasionner la mort de cent personnes en négligeant son devoir !

Le nombre des inspecteurs est si restreint qu'on punit souvent les fautes, mais les prévenir, jamais !

Non plus les employés ne sont pas numériquement suffisants. Il suffit, pour s'en convaincre, de les appeler aux stations, rien que pour ouvrir une portière ou vous dire si vous ne dépassez pas le lieu de votre destination.

On remarque généralement qu'au lieu de s'occuper des voyageurs, les paquets, les colis, l'article messagerie, en un mot, les absorbent et les empêchent de vous répondre quand vous avez besoin d'eux. De là ce défaut de sollicitude empressée qui est non-seulement nuisible, mais peut devenir fatal, témoin les crimes affreux commis par un homme qui descend de waggon et referme lui-même la portière sur sa victime.

Jamais un employé n'aidera les femmes, les vieillards embarrassés des deux mains par leurs objets de voyage, ni pour descendre ni pour monter.

Si sur le quai vous apercevez une casquette et un uniforme, tout cela disparait comme une ombre.

L'appelez-vous, il ne répond pas, ou vous dit : *Cela ne me regarde pas;* et il s'enfuit à toutes jambes.

Pourtant, les instructions du chef d'exploitation sont contraires à ces petites infractions. Il est recommandé d'être poli et prévenant envers les voyageurs, et aucun article de ce code n'interdit de donner un renseignement utile. D'où cela vient-il donc?

Indépendamment de l'insuffisance du nombre, les employés pèchent le plus souvent du côté de la capacité ou de l'aptitude. Ainsi les mécaniciens, les chauffeurs, sont souvent maladroits ou insouciants.

Qu'attendre en effet d'hommes qui, pour un modique salaire, exposent leur vie nuit et jour, et cherchent à braver les intempéries de l'atmosphère, dans des libations qui troublent leur raison, au moment où le sang-froid et le calme leur sont le plus indispensables!

Qu'un aiguilleur aviné ferme les aiguilles mal à propos, et il peut faire périr *cinq à six cents personnes!*

Qu'un garde-barrière laisse, par inadvertance, passer un cheval, une vache, un âne sur la voie, à l'instant où arrive le train; de là un *déraillement* avec ses suites incalculables et terribles !

Et les chefs de trains, et les serre-freins donc!

Que peut-on imposer de plus à ces pauvres diables, si mal rétribués? des connaissances techniques et une prudence à toute épreuve!

En résumé : ayez plus d'employés. Choisissez-les parmi des hommes intelligents et d'une moralité sûre; payez convenablement, et *tout ira bien sur les meilleurs chemins de fer du monde.*

Est-ce que ces paroles, loin d'être inspirées par une prévention injuste, ne sont pas justifiées par les réquisitoires, les jugements et les réflexions de la presse qu'on vient de lire?

Combien étais-je loin de la froide impartialité du ministère public! Mais poursuivons cette pénible nomenclature dont il ne m'appartient *d'adoucir les tons.* C'est la loi qui parle, par la bouche des magistrats appelés à en faire journellement l'application. Respectons la loi, respectons les tribunaux qui remplissent une mission vraiment *sacerdotale :* c'est le culte de la justice qu'ils desservent.

Nous allons bientôt arriver à un terrible cataclysme de chemin de fer : *l'accident de Fampoux.*

Mais pour ne pas intervertir l'ordre chronologique que nous nous sommes imposé, racontons auparavant d'autres événements, non autant terrifiants, mais aussi affligeants, de cette lugubre année 1846, qui est peut-être celle qui marque le plus dans les annales d'accidents arrivés sur *nos voies ferrées*, *inaugurées depuis douze ans déjà à cette fatale époque*.

ACCIDENT SUR LE CHEMIN DE FER DE ROUEN AU HAVRE. — LE VIADUC DE BARENTIN

(Mars 1846.)

Ce funeste accident n'ayant donné lieu qu'à des procès peu intéressants pour le public, au point de vue du droit, nous n'en parlons que *pour mémoire*. C'est à celui qui écrira un jour l'histoire de l'établissement des chemins de fer en France qu'est réservée la tâche de démontrer ce que le défaut primitif et le vice des constructions a pu amener de catastrophes terribles et de pertes d'argent pour les actionnaires, dans cette introduction en France des *railways* anglais.

Il faut ajouter, pour être juste, que vingt-cinq ans d'expérimentation ont amené de grands progrès dans cette science, et que nous n'avons plus besoin de nos voisins d'outre-mer, auxquels nous pouvons emprunter l'art de construire, mais auxquels nous

devons laisser *la témérité* dans les entreprises *gran-
dioses* qui les caractérisent.

Cette observation s'appliquera aussi, dans le courant de ce livre, aux autres accidents tels que les
éboulements, les *incendies*, qui sont des malheurs
arrivant partout, et qui n'ont rien d'inhérent à l'invention des chemins de fer.

CATASTROPHE SUR LE CHEMIN DE FER DU NORD. —
ACCIDENT DE FAMPOUX

(8 juillet 1846.)

Une affreuse catastrophe arriva le 8 juillet 1846
sur le chemin de fer du Nord.

Voici les premiers renseignements recueillis par
la Gazette des Tribunaux, du 10 juillet 1846, des
journaux du *Pas-de-Calais :*

« Le convoi de Paris, le mercredi 8 juillet, à sept
heures du matin, était composé de vingt-huit voitures remorquées par deux locomotives placées en
tête. Arrivé à Amiens, ce convoi fut divisé; une
partie des voitures resta dans la station de cette
ville, les autres continuèrent leur route sur Lille.

« A deux heures quinze minutes, le convoi avait

dépassé Arras, et s'approchait de la station de Rœux.
En cet endroit la voie est pratiquée sur un terrasse-
ment élevé à sept mètres environ, et jeté au milieu
des tourbières qui abondent dans cette contrée ; de
chaque côté du remblai sont des marais profonds
d'eaux stagnantes. C'était là que se trouvait le
convoi.

« Les locomotives, suivies de leurs tenders et d'un
waggon de bagages, franchissent librement la voie ;
mais tout à coup un brusque déraillement sépare la
voiture de bagages du train des voyageurs que le
rail déplacé dirige en dehors du remblai. La première voiture se renverse et reste suspendue sur le
talus ; les autres voitures se heurtent à celle-ci, se
précipitent, se culbutent les unes sur les autres, et
roulent dans les marais... Mais une des chaînes d'attache se rompt, et le reste du train s'arrête sur la
voie.

« Quelques-uns des waggons précipités en dehors
de la voie ont disparu dans la profondeur des marais ; d'autres, renversés plus près des talus et à
demi plongés dans l'eau, présentent leurs roues
tournées vers le ciel.

« Parmi les voyageurs qui ont échappé, tous ceux
dont l'effroi n'a pas paralysé les forces s'empressent
de porter secours aux malheureux submergés dans
les waggons. On signale des traits admirables de

dévouement et de courage. *M. Lestiboudois*, député
de Lille, qui se trouvait alors dans l'une des dernières voitures du convoi, a plongé six fois, et six
fois au péril de sa vie, il a ramené sur la berge un
des malheureux voyageurs près de périr. Un graisseur, attaché au service du convoi, le nommé *Carré*,
âgé de vingt-deux ans, se trouvait, au moment du
déraillement, sur la marche latérale qui longe le
waggon. A la vue du danger, il s'élance dans le
marais et fuit, en nageant, la chute des waggons.
Mais bientôt, aux cris qu'il entend, un noble dévouement le rappelle; il revient vers les waggons
submergés, plonge à diverses reprises et *sauve la
vie à vingt-cinq personnes*. Ce soir même, ce cou-
rageux jeune homme était revenu à Paris reprendre
son service.

« Tous les agents de l'administration attachés au
train ont aussi rivalisé de zèle et de courage; mais,
malgré les efforts des voyageurs et ceux des populations voisines accourues ensemble sur les lieux, on
n'a pu parvenir à dégager toutes les victimes. Le
nombre de ceux qui ont péri est encore inconnu!

. . . . ,

« La justice instruit sur les causes encore inconnues de cet épouvantable événement ». . . . . .

Le lendemain 11 juillet, *la Gazette des Tribu-*

naux continuait le cruel récit de cette horrible catastrophe :

« ..... C'était une chose affreuse à voir..... Onze waggons ont été précipités dans ces marais, d'une profondeur de plus de trois mètres ! Il en a été de même de la diligence Caillard, de celle des Messageries royales (1), fort peu endommagées, et d'une voiture appartenant aux messageries picardes. *Cette dernière a été littéralement broyée !*

« A la nouvelle de cette catastrophe, les médecins et pharmaciens d'Arras ont mis le plus louable empressement à se rendre sur ce lieu de désolation ; la justice s'y est aussi transportée un peu plus tard ; la force armée y a également été appelée. Les tra-

(1) L'auteur se souvient qu'il se trouvait dans le cabinet de M. Maisonhaute, le chef du contentieux des Messageries royales, au moment même où le conducteur de cette diligence venait raconter la manière miraculeuse dont il avait échappé à la mort : c'est en se raccrochant à la courroie qui sert à monter sur l'impériale, qu'il avait pu rester suspendu en l'air, entre la voiture et l'abîme, jusqu'à ce qu'un sauveur vînt lui tendre la main, pour échapper au danger d'être précipité dans le marais !.....

— Et le conducteur de la Caillarde ? lui dit-on.

— La Caillarde ? reprit-il. Le conducteur n'a pas pu prendre LA FUITE ET CAILLARD, il est mort ! — Quant à la Picarde, ni vu ni connu, je t'embrouille !.....

Étrange incident, qui ne s'est pas effacé de ma mémoire ! Ce brave homme, qui avait trouvé la vie dans un acte de sang-froid et de présence d'esprit remarquable, plaisantait et faisait des calembours sur le sort des pauvres victimes DE LA CONCURRENCE !

vaux de sauvetage entrepris presque immédiatement, avaient hier, à dix heures, donné les résultats
suivants :

« Onze morts, vingt blessés! Mais le nombre de
ces derniers ne saurait être apprécié d'une manière
exacte, car plusieurs ont été expédiés sur Douai,
à seize kilomètres, d'autres ont pris des directions
différentes. Le village de Fampoux seul en a recueilli
une douzaine. Parmi les blessés se trouve *le général
Oudinot*, dont la blessure n'a présenté rien de
grave, et son aide de camp qui a eu le malheur
d'être sérieusement atteint. Il a eu trois côtes enfon-
cées.

« Parmi les morts, on a compté deux employés
du chemin de fer *qui ont été broyés*. Ils étaient dans
le waggon des marchandises.

« Nous devons ajouter que le nombre des morts
sera sans doute bien plus considérable que celui indiqué plus haut, car des waggons entièrement submergés ne sont pas encore entièrement retirés.

« Six waggons sont tombés dans l'eau, avons-
nous dit : les dix autres qui ont déraillé sont restés suspendus sur le flanc de la chaussée. Quelques
voyageurs tombés à l'eau ont eu le bonheur de
pouvoir échapper à la mort, on cite parmi ceux-ci
M. Lestiboudois. médecin à Lille : il se noyait,
nous dit-on, lorsqu'il a pu, en brisant une vitre

d'un waggon, s'appuyer assez solidement pour attendre des secours. Il en a été quitte pour une blessure à la main causée par la rupture du verre.

« Nous ne voulons pas dire toutes les scènes déchirantes qui ont marqué leur individualité dans ce terrible drame, mais en voici une entre autres : Une femme de Creil, qui voyageait avec deux charmants enfants, précipitée dans l'eau, a perdu l'un de ses fils; l'autre n'a pas eu de mal et a été aussitôt recueilli par les habitants de Fampoux. Quant à la mère, ses blessures présentent beaucoup de gravité.

« Un dernier fait qui montrera jusqu'à quelle proportion aurait pu s'élever l'affreux événement de Fampoux : la dernière voiture qui s'est arrêtée sur la pente de la chaussée était une lourde berline de voyage que montait une famille entière composée de neuf personnes. Six autres chaises, également remplies de monde, suivaient; elles n'ont éprouvé qu'une violente secousse : le cocher de la première voiture a seul été légèrement blessé.

« ..... L'inspecteur de la ligne se trouvait dans le premier waggon qui s'est détaché et est allé tomber dans l'eau. *Par un bonheur providentiel et resté inexpliqué*, il a pu sortir sain et sauf, et il s'est trouvé un des premiers sur les lieux pour porter secours aux victimes..... » (*Propagateur du Pas-de-Calais.*)

Le Messager, journal du soir, publiait le 10 juillet 1846, les détails qui suivent :

« Voici les détails que le gouvernement a reçus ce matin sur le grave et douloureux accident arrivé avant hier, 9 juillet, sur le chemin de fer du Nord. Le train parti le matin pour Bruxelles a subitement déraillé, a rompu ses chaînes d'attache et a entraîné hors de la voie le reste du convoi.

« Le chemin en cet endroit est en remblai de six mètres de hauteur et traverse un terrain marécageux duquel on a anciennement extrait de la tourbe. Treize voitures ont été précipitées du haut du remblai dans une tourbière pleine d'eau et profonde d'environ trois mètres. Ce sont deux fourgons à bagages, un fourgon à bagages des messageries Laffitte et Caillard, deux voitures de première classe, deux de deuxième classe et deux de troisième, une chaise de poste et trois diligences, dont deux venant de Paris, et l'autre d'Amiens.

« Huit voitures ont été brisées dans cette terrible chute, ainsi que la chaise de poste dans laquelle se trouvait *M. le général Oudinot* qui, heureusement, n'a reçu aucune blessure.

« Deux conducteurs ont été tués, treize voyageurs ont péri, sept ont été blessés, dont trois grièvement. Les autres voyageurs, parmi lesquels se trouvait *M. Lestiboudois*, ex-député du Nord, se sont sauvés à la nage, ou ont pu être retirés de l'eau immédiatement.

« Voici les noms des victimes de cette déplorable catastrophe : *M. Leconte*, médecin à Isselle ; *MM. Bourgeois* et *Deguen*, soldats ; *madame Dernelde*, d'Armentières ; *madame Marie Flamand*, de Bouchain ; *madame Legay*, de Fampoux.

« Trois enfants, savoir : *Fabry*, d'Arras ; *Pirard*, de Montataire ; *Lefebvre*, de Roccincourt.

« Deux cadavres, celui d'une religieuse et celui d'un enfant, n'ont pu encore être retirés d'une des diligences restée engagée dans la tourbière..

« Un aide de camp du général Oudinot, blessé grièvement, est mort des suites de ses blessures.

« Les blessés sont : *M. Grapinet*, négociant en dentelles, de Paris ; *madame Picard*, clavicule cassée et fortes contusions à la tête ; *madame Braine*, d'Arras, contusions ; un Anglais et sa femme, blessés ; un Anglais, contusionné.....

« La cour royale de Douai a évoqué l'affaire, et l'instruction a commencé sur-le-champ.....

« *Le-Journal de Lille*, en rendant compte du funeste événement du 8 juillet, disait : « Le ser-
« vice de sauvetage est maintenant parfaitement
« organisé. Les bagages et tous les objets de na-
« ture à faire constater l'identité des victimes sont
« soigneusement recueillis. On rapporte, à ce sujet,

« une circonstance bizarre : La première malle que
« l'on a retirée de l'eau s'est entr'ouverte, et le
« premier objet qu'on a vu tomber était un gros
« paquet de papier portant cette suscription : « Ceci
« est mon testament ». On y a trouvé une somme
« de trois mille francs en or et billets de banque,
« et divers objets de grand prix. Cette malle n'a
« pas encore été réclamée ; tout porte à croire que
« son propriétaire à péri. »

« *Le Moniteur parisien*, du 11 juillet 1846,
disait : « Le conseil d'administration du chemin de
« fer vient d'élever au grade d'inspecteur de pre-
« mière classe *M. Hovelt*, sous-inspecteur, qui,
« après avoir été précipité lui-même dans la tour-
« bière et s'être sauvé à la nage, a eu ensuite assez
« de sang-froid pour organiser tous les secours que
« nécessitaient les circonstances, et n'a pas voulu
« quitter son convoi avant que toutes les voitures
« fussent relevées. » Le conducteur *Hocq*, qui a
sauvé huit personnes, a été nommé chef de convoi.

« *M. Haillot*, chef de service à Douai, et *M. Stu-
ber*, chef de service à Arras, ont fait preuve de la
plus grande intelligence dans ces graves circonstances.

« Un des chefs de service de la compagnie est
resté sur les lieux pour distribuer des secours aux
victimes et à leurs parents. Deux des ingénieurs de

la compagnie sont sur le théâtre de l'accident pour en rechercher, conjõintement avec les ingénieurs du gouvernement, les causes encore inconnues.

« *M. Frissard*, inspecteur divisionnaire des ponts et chaussées, *M. Onfroy de Bréville*, ingénieur en chef, envoyés à Fampoux par M. le ministre des travaux publics, et deux ingénieurs de la compagnie du chemin de fer du Nord, sont arrivés à Paris par le convoi de trois heures et demie.

« Leur rapport confirme sur tous les points la relation adressée à la compagnie par le sous-inspecteur qui accompagnait le convoi, et publiée dans notre numéro d'hier.

« Il est officiellement constaté que le chiffre des morts est de quatorze, ainsi que l'ont d'abord annoncé les rapports adressés à la compagnie. On a maintenant l'assurance positive que, sauf les blessés, il n'y a pas d'autres victimes. »

Le 13 juillet 1846, M. Frissard, membre du conseil général des ponts et chaussées, inspecteur de la division des chemins de fer du Nord, adressa son rapport au ministre des travaux publics.

Le résumé de ce rapport était que la catastrophe de Fampoux ne pouvait être attribuée ni à l'exécution, ni à l'entretien du chemin. Il avait donc fallu en rechercher la cause partout ailleurs. « Mais, ajoute le rapport, comment découvrir la vérité en interrogeant des témoins prévenus, troublés, fortement impressionnés, ou des débris multipliés, au milieu desquels les effets se confondent avec les causes? Si, malgré toutes nos recherches, il ne nous a pas été possible d'arriver à une conclusion positive, nous avons pu, du moins, rectifier bien des faits dénaturés, exagérés par des rapports inexacts.

« La cour royale de Douai ayant évoqué l'affaire, une instruction faite par des magistrats éclairés et habitués à rechercher la vérité mettra au jour beaucoup de faits, de circonstances, qui nous sont restés inconnus. La justice viendra en aide à la science en lui fournissant de nouvelles données pour résoudre une question dont la solution intéresse si vivement la sécurité publique. »

Le même jour 13 juillet, de nouveaux rapports adressés au gouvernement et à la compagnie du Nord, confirmaient les nouvelles précédemment données sur le nombre des victimes de l'accident du 8 juillet. Il y avait eu *quatorze morts, cinq blessés assez grièvement*, et *vingt autres* qui n'avaient éprouvé que des contusions.

M. d'Aigny, aide de camp du général Oudinot (qu'on disait mort), était hors de danger et en voie complète de guérison.

Au nombre des objets retirés du marais avec les débris des waggons, s'était trouvé un portefeuille appartenant à un Anglais, et contenant 80,000 fr. en *bank-notes.*

Enfin, après une longue et minutieuse instruction, la cour de Douai renvoya l'affaire devant le tribunal correctionnel de Lille. L'information ne révéla pas beaucoup de nouveaux détails, les causes de cette catastrophe étant restées enveloppées de doute et de mystères. Les hommes de l'art eux-mêmes ne purent les faire connaître d'une manière précise, et on attendait des éclaircissements du débat oral.

Quant aux effets, ce qui restera établi par l'instruction, c'est que le nombre des victimes était ainsi réparti .

« *Quatorze personnes avaient trouvé la mort dans cette catastrophe.*

« Un assez grand nombre de personnes avaient reçu des blessures et des contusions.

« Cinq étaient gravement blessées. »

Toutefois il n'y avait pas de parties civiles au procès, ce qui prouve que la compagnie avait largement pourvu au dédommagement des malheureuses victimes et de leurs familles, circonstance toujours fort atténuante dans un procès de cette nature et qui fait honneur à l'administration.

L'arrêt de la cour de Douai renvoyait devant le tribunal correctionnel quatre prévenus, savoir :

« 1° M. Jules-Alexandre *Petiet*, âgé de trente-trois ans, ingénieur de première classe du chemin de fer du Nord, demeurant à Paris;

« 2° M. Pierre-Joseph *Hovelt*, âgé de trente-sept ans, inspecteur de première classe du chemin de fer du Nord, demeurant à Paris;

« 3° M. Alexandre *Duthoit*, âgé de vingt-six ans, demeurant à Lille;

« 4° M. Antoine-François *Bolu*, âgé de quarante-six ans, mécanicien, demeurant à Lille. »

Ils avaient à répondre, suivant l'arrêt de la cour royale de Douai (chambre des mises en accusation), en date du 20 août 1846, d'avoir, le 8 juillet 1846, sur le chemin de fer du Nord, par maladresse, imprudence, inattention, négligence ou inobservation des règlements, involontairement causé un accident qui avait occasionné des blessures et même la mort de plusieurs personnes.

Me Bethmont, du barreau de Paris, était chargé de la défense de M. Petiet, ingénieur.

Me Théry, du barreau de Lille, était chargé de la défense des trois autres prévenus.

M. Legrand, substitut de M. le procureur du roi, occupait le siége du ministère public.

Après des débats qui occupèrent quatre longues audiences, le tribunal correctionnel de Lille, sous la présidence de *M. Dufresne*, vice-président, rendit, à l'audience du 14 novembre 1846, un jugement en ces termes :

« LE TRIBUNAL,

« Attendu qu'il est résulté des débats que le 8 juillet 1846, à Fampoux, sur le chemin de fer du Nord, un train venant de Paris, composé de vingt-huit voitures, remorqué par deux locomotives, ayant déraillé et s'étant divisé par rupture de moyens d'attache, s'est en partie précipité du haut d'un remblai dans un marais profond, où quatorze de ses voyageurs trouvèrent la mort, la plupart par submersion, à côté d'un plus grand nombre de blessés, dont cinq seulement d'une manière grave ;

« Que la catastrophe dite de Fampoux a donc eu pour cause immédiate un déraillement ;

« Mais attendu que la cause de ce déraillement lui-même est, malgré les plus grands efforts de la justice et le tribut insuffisant des lumières de la science, demeurée ensevelie dans le domaine des conjectures, la plupart inconciliables entre elles, exclusives de toute culpabilité, conduisant d'ailleurs toutes au doute, et dès lors forcément à l'absolution ;

« Le tribunal renvoie les prévenus des poursuites, sans dépens. »

Appel de ce jugement fut immédiatement interjeté par le ministère public par-devant la Cour royale de Douai (chambre des appels de police correctionnelle).

COUR ROYALE DE DOUAI

(Appels correctionnels.)

Audiences des 22, 23, 24, 25, 26 décembre 1846.

PRÉSIDENCE DE M. PETIT

Dans ce procès, mémorable par les épouvantables malheurs dont il retraça le tableau vrai et déchirant, les organes du ministère public et de la défense furent à la hauteur d'une telle cause.

M. Roulland, procureur général, occupait le siége du ministère public; il était assisté de *M. de Carrières*, avocat général.

Mes *Bethmont* (du barreau de Paris) et *Dumon* (du barreau de Douai) étaient au banc de la défense. Les limites de ce recueil nous empêchent de reproduire le réquisitoire et les plaidoiries de ces trois orateurs qui offrirent, chaque, un modèle d'éloquence et les plus hautes vues sur les accidents, devenus si communs, des chemins de fer, et sur l'application de la loi pénale qui était invoquée au nom de l'intérêt public, l'intérêt privé étant satisfait, du moins, par des transactions entre les parties lésées et la compagnie. Jamais lutte ne fut plus vive, ni plus intéressante pour la foule qui se pressait dans l'auditoire, pour le public qui attendait les journaux avec anxiété pour connaître l'opinion de la haute magistrature sur ces graves questions de responsabilité.

Enfin, le 26 décembre 1846, la cour, après un délibéré de trois heures dans la chambre du conseil, rendit un arrêt longuement motivé qui décide en substance :

« En ce qui touche Petiet :

« Attendu que, s'il est permis de penser que le déraillement peut être imputé à la rupture de quelque partie de l'attelage et s'il reste une incertitude invincible pour la science elle-même quant à la cause première de l'accident du 8 juin 1846, cependant il est constant, en fait, que la direction d'un convoi d'un poids énorme, composé de vingt-huit voitures, et renfermant en lui tous les éléments imaginables de danger, commandait l'emploi des précautions les plus attentives ;

« Qu'en fait, il est constant qu'on a employé deux locomotives et déployé dans la marche une vitesse excessive ;

« Que, d'après l'article 17 de l'arrêté préfectoral du 11 mai 1846, il est enjoint à la compagnie, quand elle emploie deux locomotives, de ne pas dépasser vingt-quatre kilomètres à l'heure ;

« Que ledit arrêté est légal et obligatoire ; que si, d'après l'article 14 de la loi sur le chemin de fer du Nord, les mesures nécessaires pour assurer la police de ce chemin doivent être déterminées par des règlements d'administration publique, il n'en est pas moins vrai que, jusqu'à la publication de ces règlements, tant que dure l'état provisoire, le droit commun conserve son empire, et que les préfets demeurent, d'après la législation en vigueur, et notamment d'après celle de pluviôse an VIII, investis du pouvoir réglementaire de la grande voirie, sans qu'il puisse être fait d'exception relativement aux chemins de fer qui en font partie, d'après l'article 2 de la loi du 15 juillet 1845 ;

« Que, du reste, l'arrêté dont il s'agit rentre d'autant plus dans les attributions du préfet, qu'il présente les caractères d'une mesure locale et d'urgence ;

« Qu'on objecte vainement que l'exécution de cet arrêté ne pouvait se concilier avec les nécessités du chemin de fer ;

« Que c'était alors aux compagnies à ne pas le mettre en exploitation avant d'avoir obtenu un règlement définitif ;

« Qu'au reste, et en supposant même que le règlement n'eût pas force obligatoire, l'absence de toute règle devait être pour Petiet un motif de plus de diminuer la vitesse ;

« Qu'ayant, de son propre aveu, prescrit, même pour les convois périlleux traînés par deux locomotives, une vitesse de trente-neuf à cinquante kilomètres à l'heure, il avait commis une imprudence qui le rend responsable des suites de l'accident ;

« En ce qui concerne l'inspecteur Hovelt :

« Que, malgré le pouvoir qu'Hovelt tenait de ses fonctions de donner des ordres aux mécaniciens, la position qu'il occupait dans le convoi ne lui laissait pas les moyens de communiquer avec les mécaniciens de service, et de prescrire le ralentissement de la vitesse ;

« Que, du reste, il était étranger à la violation du règlement et aux ordres donnés pour régler la marche du convoi ; que, par suite, aucune faute ne pesait à sa charge ;

« Quant au mécanicien Duthoit :

« Qu'il résulte des débats que la vitesse était excessive et extraordinaire ; que, si cette vitesse ne pouvait être la cause du déraillement, elle était, du moins, celle de la précipitation des voitures dans le marais, et qu'il était, par suite, responsable des suites de son imprudence ;

« Quant au mécanicien Bolu :

« Que conduisant la seconde locomotive, qui devait nécessairement obéir à la première, il était impossible de le rendre responsable de l'excès de la vitesse;

« La cour met l'appellation au néant, et confirme le jugement du tribunal de Lille qui acquitte Hovelt et Bolu;

« Et faisant droit à l'appel, quant à Petiet et Duthoit,

« Déclare légal et obligatoire l'arrêté préfectoral du 11 mai 1846;

« Et, par suite, reconnaît contre Petiet et Duthoit l'existence du délit d'homicide par imprudence;

« Statuant sur l'application de la peine :

« La cour, trouvant dans la désuétude où le règlement est tombé, et dans la tolérance de l'autorité sous les yeux de laquelle le règlement était tous les jours *audacieusement* violé, l'existence de circonstances atténuantes;

« Condamne Petiet et Duthoit en quinze jours d'emprisonnement, le premier en trois mille francs d'amende, et tous deux solidairement aux frais des deux instances, fixe à un an la durée de la contrainte par corps (1). »

___

(1) Cet arrêt fut déféré par M. Petiet à la censure de la cour de cassation. Mais la chambre criminelle de la cour suprême rejeta le pourvoi, par arrêt du 24 avril 1847, et le principe fut ainsi définitivement posé pour la jurisprudence en cette ma-

Observations. — Le seul commentaire qu'on puisse ajouter aujourd'hui à cette décision d'une cour souveraine, c'est de rappeler que, dans le cours de cette longue instance, qui avait subi les deux degrés de juridiction, *un autre accident sur le même chemin de fer était arrivé presque au même endroit !*

En effet, pendant les travaux de sauvetage, organisés pour retirer des tourbières plusieurs waggons submergés, ces travaux avaient nécessité l'emploi d'une grue qui était placée sur la voie. Cette grue fut heurtée par un convoi se dirigeant sur Paris, et elle tomba sur plusieurs travailleurs qui furent plus ou moins grièvement blessés. Cet accident et celui de la veille avaient fait l'objet d'une double instruction.

Le tribunal d'Arras eut donc à s'occuper de l'accident du 9, tandis que, par suite de l'évocation de l'accident du 8, la cour de Douai allait saisir le tribunal de Lille, autre tribunal de son ressort, de l'affaire ci-dessus rapportée.

A l'audience du 25 septembre 1846, le tribunal correctionnel d'Arras, présidé par *M. Cornille*, ouvrit les débats de ce second procès.

*M*e *Baud* assistait aussi les prévenus.

tière. D'ailleurs l'arrêt attaqué relevait des faits que la cour d'appel avait pu apprécier d'une manière souveraine.

M. Boutry, substitut du procureur du roi, portait la parole au nom du ministère public.

M. Rollet, ingénieur de la compagnie, lequel dirigeait les travaux, *M. de Fradel*, inspecteur du train, et *M. Fallet*, mécanicien, étaient prévenus de blessures par imprudence.

Par un jugement, très-longuement motivé, du 2 octobre 1846, le tribunal leur fit application de l'article 19 de la loi du 23 juillet 1845, en les condamnant à une peine légère.

Mais on voit encore, dans ce fait, *le doigt de Dieu*, car cet événement pouvait être presque aussi terrible que celui de la veille, sans un hasard préservatif.

ACCIDENT SUR LE CHEMIN DE FER DE MONTPELLIER A CETTE

(22 avril 1846.)

Le 22 avril 1846, vers onze heures du matin, un convoi de marchandises venait d'arriver de Cette dans le débarcadère de Montpellier, et la locomotive *la Jeanne-Darc*, qui avait remorqué ce convoi, allait, sous la conduite du mécanicien Falgueirettes et montée par le chauffeur Jeanjean, s'alimenter sur un point de la voie accoutumé, lorsqu'à 1,800 mètres environ de distance de l'établissement, la machine heurta de toute sa vitesse deux waggons chargés de terre et sur lesquels se trouvait un ouvrier de l'administration, le nommé Azéma, qui, n'ayant pas aperçu assez à temps l'arrivée de la machine, ou comptant sur son ralentissement à l'approche du waggon, tomba, par suite du choc, entre ce waggon et la locomotive, et eut ses jambes horriblement broyées.

Trois autres ouvriers qui se trouvaient un moment auparavant sur ce waggon, ayant vu arriver la locomotive à toute vitesse, s'étaient élancés à terre avant la rencontre de la machine et du waggon, et n'avaient eu aucun mal. Azéma, transporté de suite à l'hospice, dut subir l'amputation de la jambe et de la cuisse gauche, ainsi que d'une partie du pied droit. Son état, qui avait semblé d'abord faire présager une guérison prochaine, ne tarda pas à s'aggraver, et, onze jours après l'opération, le malade succomba. Azéma n'avait que vingt-deux ans, il était ouvrier terrassier et sur le point de se marier.

Une information judiciaire, commencée dès les premiers moments de l'accident, établit que la locomotive *la Jeanne-Darc* avait depuis la veille *son frein hors de service*, et que c'est à cette circonstance ignorée du mécanicien qui la dirigeait pour la première fois depuis une absence de quelques jours qu'on devait attribuer la funeste catastrophe.

C'est à raison de ces faits que, le 21 juillet 1846, comparaissaient devant le tribunal correctionnel de Montpellier, présidé par *M. Grasset*, vice-président :

1° *Falgueirettes*, mécanicien ; 2° *Jeanjean*, chauffeur, et *Garenq*, chef mécanicien, sous la prévention d'avoir, par maladresse, imprudence et inobservation des règlements, causé involontairement au nommé Azéma des blessures qui avaient occasionné sa mort. L'administration du chemin de fer était assignée comme civilement responsable du fait de ses employés.

Le tribunal, dans un débat longuement motivé, les condamna, savoir : Falgueirettes, à quatre mois d'emprisonnement et cinquante francs d'amende; Garenq à cent francs d'amende, et Jeanjean à cinquante francs d'amende, et tous solidairement aux dépens; déclara la compagnie du chemin de fer civilement responsable des condamnations pécuniaires prononcées contre ses employés.

Nota. On ignore si la famille de la victime obtint des dommages-intérêts, notamment la pauvre *fiancée* d'Azéma.

ACCIDENT SUR LE CHEMIN DE FER DE SAINT-GERMAIN

(31 août 1846.)

Le **31** août **1846**, le convoi parti de **Paris** pour Saint-Germain à huit heures trente-cinq minutes du soir s'arrêta à la station de Colombes pour y déposer quelques voyageurs. Le nom de la station fut, suivant l'usage, appelé à haute voix par le conducteur ; mais le coup de sifflet du départ aurait, d'après la prévention, retenti presque immédiatement, et le convoi serait reparti presque aussitôt arrivé. Deux voyageurs étaient placés sur l'impériale ; l'un, le sieur Croizet, n'eut pas le temps de prendre terre avant la mise en marche ; tombé sous les roues des waggons, le malheureux fut broyé, et lorsqu'on eut connaissance du malheur qui venait d'arriver, on revint sur les lieux où l'on ne releva plus qu'un cadavre.

En conséquence de ce fait, le sieur **Bréant**, conducteur du convoi, fut renvoyé devant le tribunal correctionnel.

M. Émile Pereire, directeur du chemin de fer, fut cité comme civilement responsable.

Croizet était garçon et sans enfants ; il ne laissait qu'un père, ouvrier comme lui, et qui fut désintéressé par la compagnie, qui s'était empressée d'aller au-devant de ses exigences.

Aucune partie civile ne figurait donc au procès.

Le tribunal correctionnel de Paris (présidence de *M. Martel*) rendit, le 10 décembre 1846, un jugement qui condamna Bréant à un mois de prison et cinquante francs d'amende, et le condamna solidairement avec M. Pereire aux dépens.

Observations. — On se plaint généralement que les temps d'arrêt ne sont pas scrupuleusement observés. Au moindre retard d'un convoi, on veut rattraper le temps perdu, et on ne donne pas même aux voyageurs les quelques minutes qui sont indiquées sur l'itinéraire.

Encore une remarque à faire à l'endroit de MM. les commissaires de surveillance qui ne doivent jamais souffrir qu'un chef de station viole le règlement sur ce point.

ACCIDENT SUR LE CHEMIN DE FER DE ROUEN

(11 avril 1847.)

Un train de marchandises arrivant de Paris se trouvait encore dans la gare de Saint-Sever, lorsqu'une locomotive, partie de Sotteville quelques instants après le passage du convoi, vint se précipiter à toute vitesse sur les waggons des voyageurs qui se trouvaient à l'extrémité du convoi. Plusieurs personnes furent assez grièvement blessées. C'est à raison de ces faits que les nommés *Withmill* et *Twis*, le premier mécanicien, le second contre-maître, étaient traduits devant la police correctionnelle. **MM**. **Alcard** et **Buddicomm** étaient assignés avec la compagnie du chemin de fer comme civilement responsables du fait de leurs préposés. .

Après avoir entendu **M**. l'avocat du roi **Censier**, Mes **Baroche** et **Sénard** (du barreau de Paris) pour les prévenus, le tribunal correctionnel de Rouen, présidé par M. Verrier, a, dans son audience du 24 juin 1847, rendu un jugement, lequel, après avoir rappelé les faits de l'accident, contenait les considérations suivantes de droit et d'ordre public :

« .... Attendu que l'expérience journalière a démontré que le salut des voyageurs n'occupait que très-imparfaitement l'attention de tous ces préposés à la conduite, qui, sans s'embarrasser du danger qu'ils couraient eux-mêmes, jouaient en quelque sorte avec ces instruments de mort, et se croyaient quittes en disant qu'ils auraient été ou pu être les premières victimes, comme si la loi avait à leur demander compte de ce qu'il leur a plu de s'exposer ;

« Attendu qu'elle a stipulé autrement, et qu'en

concédant l'exploitation des chemins de fer, elle a entendu que toutes les mesures seraient prises, la vigilance la plus spéciale exercée pour soustraire les voyageurs aux dangers qu'elle a reconnus et que les épreuves déjà faites apprennent être d'une autre gravité que ceux attachés aux moyens de transport ordinaire, ce que prouvent avec tant de clarté et la loi du 15 juillet 1845 et l'ordonnance du 15 novembre 1846 ;

« Attendu qu'il importe donc hautement d'entrer dans l'esprit de cette législation et de rassurer le public en donnant un exemple de punition qui soit surtout un frein pour l'avenir, et rendre très-rares, s'il est possible de l'espérer, les malheurs sur lesquels la société gémit trop fréquemment ;

« Le tribunal déclare Withmill et Twis coupables, l'un et l'autre, d'avoir, par leur imprudence et leur inattention, causé involontairement sur le chemin de fer de Paris à Rouen, tout près du pont de Grammont, un accident qui a occasionné aux personnes ci-dessus nommées les blessures constatées ;

« Condamne Withmill à cinq mois et Twis à trois mois d'emprisonnement ; les condamne, en outre, à trois cents francs d'amende et aux dépens ;

« Déclare Alcard, et Buddicomm et la compagnie du chemin de fer civilement responsable des condamnations ci-dessus, mais en ce qui touche les dépens. »

Observation. — Ce jugement est celui qui, jusqu'alors, nous a le plus frappé par l'énergie et la sagesse de ses motifs. Il n'a pas dû contribuer pour peu à rendre les accidents plus rares.

ACCIDENT SUR LE CHEMIN DE FER D'ORLÉANS

(20 novembre 1847.)

Cet accident, déjà très-grave puisqu'il coûta la vie à deux personnes et occasionna des blessures plus ou moins graves à vingt-quatre autres voyageurs, eût pu avoir les conséquences les plus désastreuses; et on va voir qu'il s'en fallut de très-peu que cent soixante-dix voyageurs qui composaient le convoi ne fussent pris entre deux locomotives arrivant en sens contraire.

Les causes de l'événement, les désastres qu'il avait produits purent, cette fois, être précisés par la justice avec une grande exactitude, grâce à l'instruction minutieuse qui avait été faite par les magistrats, et qui avait marché avec une grande célérité, puisque trois semaines seulement s'écoulèrent entre le fatal événement et les poursuites du ministère public. Les débats s'ouvrirent le **11** décembre **1847** devant le tribunal correctionnel d'Orléans, présidence de *M. de Cambefort.*

Voici l'exposé sommaire de la catastrophe tel que le fit le ministère public en prenant le premier la parole :

« ..... Le 20 novembre, à cinq heures cinquante et une minutes du matin, le train mixte n° **23**, composé de waggons de voyageurs et de marchandises, parti la veille à onze heures quinze minutes de Paris, et devant arriver au pont de la Bourre à cinq heures vingt-deux minutes et y stationner jusqu'à cinq heures vingt-cinq minutes, éprouvait à l'arrière le choc de la locomotive n° 67, *le Cabry*, montée par les sieurs Vaillant, Dane et Leroux. Le train mixte n° 23 se composait de trente-quatre voitures, parmi lesquelles cinq waggons renfermant cent vingt-huit voyageurs. »

Après avoir donné quelques détails sur les avaries occasionnées par le choc, M. le procureur du roi ajoute que, parmi les voyageurs, vingt-six seulement ont été blessés. *Deux ont succombé,* Georges Charamon, paveur à Saint-Hilaire-la-Vieille (Haute-Vienne), et Pierre Gineis, de la même commune et du même état. Cinq sont en ce moment encore traités pour des fractures graves qui ont donné beaucoup d'inquiétude dans le principe, mais on a actuellement l'espoir fondé d'une prompte guérison. Onze ont été atteints de blessures ou contusions actuellement guéries. Enfin huit avaient reçu des contusions sans gravité et qui n'ont point nécessité de traitement.

M. le procureur du roi assigne deux causes à l'événement : 1° le stationnement pendant trente-cinq minutes au pont de la Bourre ; 2° la mauvaise direction de la locomotive montée par Vaillant, Dane et Leroux.

Sur le stationnement pendant trente-cinq minutes, le ministère public soutient que ce stationnement est dû à deux causes qui se sont rencontrées fatalement. Aux termes du règlement, le train mixte n° 23 devait arriver à cinq heures vingt-deux minutes, rester au contrôle jusqu'à cinq heures vingt-cinq minutes et être rentré en gare à cinq heures trente minutes.

Le 20 novembre, il arrive à cinq heures quinze minutes, reste jusqu'à cinq heures cinquante et une minutes, moment précis où le choc a lieu.

Ce stationnement prolongé tenait, d'une part, à ce que le train n° 21, qui précédait le train n° 23, avait éprouvé un retard. Le rail ne se trouvant pas débarrassé, il avait été impossible de détacher immédiatement les marchandises du train n° 23, précédant les waggons de voyageurs pour les conduire en gare.

D'autre part, un convoi parti d'Orléans avait manqué de vapeur. M. Vaillant était parti au secours avec la locomotive *le Cabri*, et l'on supposait que, devant arriver à chaque instant, il pousserait lui-même les waggons de voyageurs restés sur la voie, et qu'on n'avait pas encore remorqués pour cette raison.

En effet, il faut bien comprendre ce qui se pratique tous les jours à l'égard de ces trains mixtes, composés de voyageurs placés à l'arrière et de marchandises placées à l'avant. Quand le train arrive au contrôle, les marchandises sont détachées pour être rendues dans leur gare spéciale; et quand cette première opération a eu lieu, une locomotive part de la gare des voyageurs pour remorquer les waggons de voyageurs, qu'on laisse ainsi stationner pendant un certain temps.

Or, le 2 novembre, la locomotive n'avait pu être envoyée aussitôt que d'habitude, parce que M. Cellerier, chargé de ce service, sachant que Vaillant revenait par derrière et supposant qu'il pousserait le convoi, ne s'avançait lui-même que pas à pas, avec les plus grandes précautions, écoutant toujours si *le Cabri* ne revenait pas. Et, certes, M. Cellerier a bien fait d'agir avec cette prudence: s'il eût abordé les voyageurs quelques instants plus tard avec sa locomotive, les waggons se fussent trouvés heurtés à la fois par deux locomotives arrivant en sens contraire et inévitablement broyés avec les cent vingt-huit voyageurs qui y étaient renfermés !

Telle était donc, suivant M. le procureur du roi, la cause première de l'événement, à savoir le stationnement prolongé de trente-cinq minutes. Mais en même temps, M. le procureur du roi déclarait que ce stationnement, ayant été occasionné par des circonstances dont le concours ne pouvait pas être prévu, ne saurait atteindre la responsabilité de la compagnie ; l'administration, à raison de ce fait, n'avait donc pu être poursuivie.

Quant à la seconde cause de l'événement, que M. le procureur du roi plaçait dans la mauvaise direction de la locomotive, ce magistrat expliquait comment le sieur Leroux, qui montait la locomotive avec les sieurs Vaillant et Dane, n'avait cependant pas été poursuivi comme eux. C'est qu'il n'était pas chargé de la direction de ce voyage, et que Dane devait obéir seulement à M. Vaillant.

M. le procureur du roi examina soigneusement toutes les circonstances que la prévention imputait à Vaillant et Dane, et dans un réquisitoire court, mais énergique, il conclut à l'application de la loi du 15 juillet 1845 contre Vaillant seulement.

Après ces simples observations, *M^c de Massy*, avocat, plaida pour le sieur Vaillant ; *Me Mouroux*, avocat, pour Dane ; *Mc Genteur*, avocat, pour l'administration contre les parties civiles.

Le tribunal rendit le même jour, 11 décembre 1847, un jugement qui renvoya *Dane*, chauffeur, de la plainte dirigée contre lui ;

Déclara *Vaillant* (inspecteur des machines) coupable, par son imprudence, son inattention, sa négligence, son inobservation des règlements, d'avoir causé l'accident du 20 novembre sur le chemin de fer d'Orléans, lequel accident avait occasionné la mort des nommés Charamon et Pénin, et des blessures à un grand nombre d'autres personnes, délit prévu par l'article 19 de la loi du 15 juillet 1845 ;

Condamna Vaillant à neuf mois de prison, trois cents francs d'amende.

Quant aux conclusions des parties civiles, la cause n'étant pas en état, le tribunal ordonna un supplément d'instruction.

ACCIDENT SUR LE CHEMIN DE FER DU NORD

(16 octobre 1847.)

Tribunal correctionnel de Paris.

(6ᵉ chambre.)

PRÉSIDENCE DE M. LE PELETIER D'AULNAY

Le 16 octobre 1846, le convoi venant d'Amiens à Paris fut violemment arrêté dans sa marche à l'entrée de la Chapelle par une locomotive obstruant la voie. Une très-forte secousse s'ensuivit, et une douzaine de voyageurs furent plus ou moins blessés, sans qu'il soit cependant résulté de ces blessures aucun accident grave. Sur la plainte de ces voyageurs, une instruction se fit et eut pour résultat le renvoi devant la police correctionnelle, sous prévention de blessures involontaires, des sieurs *Comby*, mécanicien ; Pierre-François *Ledoux*, garde-ligne ; Charles-Jules *Aubin*, chef de la gare de la Chapelle, et Jules-Alexandre *Petiet*, chef de l'exploitation du chemin de fer du Nord.

M. Émile Pereire, directeur du chemin de fer du Nord, était cité comme civilement responsable.

Mᵉ Baud présenta la défense des quatre prévenus.

M. de Jouy, substitut de M. le commissaire du gouvernement, soutint la prévention à l'égard des sieurs Comby, Ledoux et Aubin ; il déclara s'en rapporter à la sagesse du tribunal en ce qui concernait M. Petiet.

Le tribunal, en ce qui touchait Ledoux, Aubin et Petiet, les renvoya des fins de l'inculpation ;

En ce qui touchait Comby, le condamna à deux mois de prison, cent francs d'amende, déclara Pereire civilement responsable.

ACCIDENT SUR LE CHEMIN DE FER DE LA LOIRE

(10 décembre 1848.)

Tribunal correctionnel de Montbrison.

PRÉSIDENCE DE M. LAMBERT

Audience du 18 décembre 1848.

Un accident déplorable eut lieu le 10 décembre 1848 sur le chemin de fer d'Andrezieux à Roanne : une veuve Fourbon, de la Fouillousse, femme plus que sexagénaire, fut écrasée par un convoi venant de Roanne au moment où elle traversait la ligne, sur le passage à niveau de la route départementale de

Saint-Étienne à Montbrison. L'instruction judiciaire motivée par cet événement a démontré que le machiniste n'avait rien à se reprocher dans la mort de la femme Fourbon. D'aussi loin qu'il avait aperçu cette malheureuse (trois cents mètres environ), il avait fait entendre le sifflet; la marche du convoi avait été sensiblement ralentie.

Nonobstant ces circonstances, le procureur de la république près le tribunal de Montbrison intenta une action correctionnelle à *M. Michelot*, en sa qualité de directeur du chemin de fer, par le motif que la ligne n'était pourvue ni de barrières ni de gardiens propres à partager la circulation des convois et le service des chemins de croisements, ainsi que le prescrit l'ordonnance de novembre 1846; d'où il résultait que la mort de la veuve Fourbon devait être imputée à l'imprudence du directeur, à sa négligence ou à l'inobservation des règlements.

Le tribunal, après avoir entendu *M. Cuaz*, procureur de la république, *Mᵉ Faure*, avocat, au nom des enfants de la femme Fourbon intervenant comme parties civiles, *Mᵉ Rombaie*, avocat du directeur de la compagnie, rendit, séance tenante, un jugement qui déclara M. Michelot, en sa dite qualité, coupable du délit à lui imputé. En conséquence, le condamna en cinq cents francs d'amende, et, statuant sur la demande des parties civiles, condamna M. Michelot, même par corps, à payer aux héritiers Fourbon, à titre de dommages-intérêts, la somme de mille francs, et aux dépens de l'instance tant envers la partie publique qu'envers les parties civiles; fixa à un an la durée de la contrainte par corps personnelle au condamné.

ACCIDENT SUR LE CHEMIN DE FER DE LYON

FEMME BRULÉE EN DILIGENCE SUR LA VOIE

(10 juin 1850.)

Nous empruntons à la *Gazette des Tribunaux* du 20 juin 1850 les passages d'une lettre écrite par un parent de la victime, qui rectifie un précédent article de ce journal et raconte ainsi ce funeste accident :

« M. et madame *Bruère*, avec leur femme de chambre, se rendaient à Aix. en Savoie ; ils occupaient le coupé d'une diligence placée en tête du convoi de Paris à Lyon. Le fourgon de bagages les séparait seul de la locomotive. Avant le départ, fixé à deux heures après midi. et pendant qu'on plaçait la caisse de la diligence sur son truk, un des agents de cette manœuvre s'écria : « Voilà une diligence

« mal placée ! » A l'instant, la diligence fut soulevée de nouveau et replacée d'une autre manière. L'avait-elle été convenablement et de manière à ce que, la partie inférieure de la caisse reposant en plein sur le truk, il ne restât en dessous aucun espace vide où pût venir se loger une de ces flammèches ardentes que vomit la locomotive pendant sa marche, et que le vent pousse presque toujours dans la direction des voitures? On ne le sait pas. Toujours est-il que le convoi part. Madame Bruère occupait la droite du coupé, son mari la gauche; leur femme de chambre le milieu. Les glaces des portières étaient fermées; des deux glaces de devant, celle faisant face à madame Bruère était aussi fermée; les deux autres ouvertes. Le vent soufflait avec violence; la locomotive lançait beaucoup de flammèches, dont aucune, au dire des voyageurs, n'est entrée dans le coupé. Après une heure environ de marche, une odeur de brûlé se fait sentir; bientôt lui succède une très-forte odeur de peinture. La domestique aperçoit tout à coup sur la partie du plancher correspondant aux pieds de sa maîtresse une trouée de feu, et au même instant la robe de celle-ci s'enflamme; son premier soin est de saisir sa maîtresse pour l'isoler de ce foyer d'incendie; elle la jette du côté de son mari en criant : Au feu! Celui-ci ne voyant pas d'où vient le feu, à cause de la fumée qui obscurcit

le coupé, ne songe qu'à crier par la portière :
Arrêtez ! Cinq minutes environ s'écoulent dans cette
affreuse position ; enfin le convoi s'arrête, mais,
hélas ! trop tard. Et ce n'est qu'alors que l'infor-
tuné M. Bruère peut mesurer toute l'étendue de son
malheur.

« Les détails qui précèdent suffisent pour révéler
la cause probable de ce cruel événement. Il existait
sans doute un espace vide entre le plancher du
coupé et le truk sur lequel reposait la diligence ; une
flammèche sera venue se loger en cet endroit, et le
feu ainsi mis en contact avec la peinture extérieure
de la caisse et le bois qu'elle recouvrait n'aura pas
tardé à pénétrer dans l'intérieur. »

Cette lettre se terminait ainsi :

*« D'un autre côté, n'est-il pas évident que, si
la marche du convoi avait pu être arrêtée plus
tôt, s'il y avait eu, comme cela se pratique, dit-
on, en Allemagne, un cordon d'alarme, il serait arrivé à temps pour sauver celle qui a
péri ?*

*« Il faut espérer que ce triste enseignement ne
sera pas perdu et qu'il appellera l'attention de
l'autorité : 1° sur la manière dont les diligences
sont placées sur les chemins de fer ; 2° SUR LES*
MOYENS A EMPLOYER POUR METTRE LES VOYAGEURS EN

15.

MESURE DE FAIRE ARRÊTER PROMPTEMENT UN CONVOI
EN CAS DE DANGER IMMINENT.

« Agréez, monsieur le rédacteur, etc.

« A. AMELOT,
« ancien magistrat, rue Saint-Dominique, 52. »

Observations. — Hélas ! après seize ans d'expériences et de tâtonnements, nous en sommes encore là ! C'est à ce point que la critique théâtrale s'est emparée elle-même de ce sujet. (Voir le *Diable boiteux*, revue de 1866, au Théâtre Impérial du Châtelet, pièce de *MM. Clairville, Flan* et *Blum ;* la scène IV, troisième acte, *traite la question* comme elle le mérite.)

ACCIDENT SUR LE CHEMIN DE FER DE SAINT-ÉTIENNE A LYON

(11 septembre 1850.)

Un accident qui pouvait avoir les plus terribles conséquences était arrivé, le 11 septembre 1850, à trois heures et demie du soir, sur le chemin de fer, entre Givors et Grigny, non loin de cette dernière localité.

Un convoi de voyageurs se dirigeait sur Lyon ; à peu de distance de Grigny, la locomotive a déraillé, le tender et un waggon de marchandises se sont précipités sur elle, poussés eux-mêmes par les waggons de voyageurs qui suivaient. Le choc fut si terrible qu'un instant on craignit un malheur pareil à celui de Pierre-Bénite ; car aux cris d'effroi poussés par les voyageurs, se joignit le feu de la locomotive à demi-brisée et qui s'était déjà communiqué au tender.

Fort heureusement, les voyageurs, qui n'avaient éprouvé que de violentes contusions, purent bientôt se reconnaître et s'élancer hors des waggons pour éteindre l'incendie commencé. Seul, de tous les voyageurs, le mécanicien avait été grièvement blessé.

Par suite de cet accident, on a dû aller quérir une locomotive et des waggons à la Mulatière, et le convoi au lieu d'arriver à l'heure ordinaire à Lyon n'y a été rendu qu'à huit heures du soir. Une information fut entamée.

Nota. Nous ignorons quelles furent les suites judiciaires de cet accident ; mais, certes, en Angleterre, la frayeur causée aux voyageurs et le retard dans l'arrivée du convoi eussent donné lieu à des dommages-intérêts considérables contre la compagnie responsable.

ACCIDENT SUR LE CHEMIN DE FER DE VERSAILLES

(Rive droite.)

(20 août 1852.)

Le train de Chartres, partant de Paris à quatre heures vingt minutes, rencontra à quatre heures vingt-six minutes, sur la voie du départ, une machine que le mécanicien avait arrêtée pour remorquer un train de Paris à Versailles, train qui devait passer quelques minutes plus tard. Un choc eut lieu entre le train de Chartres et cette machine ; un assez grand nombre de voyageurs reçurent des contusions, mais aucun ne fut blessé grièvement, *grâce à la promptitude avec laquelle le mécanicien du train de Chartres avait serré les freins.*

Traduit pour ces faits devant le tribunal de police correctionnelle de Paris, le mécanicien *Voitrin*, reconnu coupable : 1º de ne pas avoir sifflé en arrivant à la station d'Asnières ; 2º de s'être aiguillé lui-même ; 3º de s'être aiguillé sur une voie où il ne devait pas s'engager, fut, par un jugement du 11 décembre 1852, condamné à six jours de prison et aux dépens.

ACCIDENT SUR LE CHEMIN DE FER DU NORD

(22 janvier 1853.)

Dans la nuit du 22 au 23 janvier 1853, le train de Saint-Quentin arrivait dans la gare aux marchandises du chemin de fer du Nord, à la Chapelle Saint-Denis.

La machine qui avait remorqué le train et son tender fit une manœuvre et s'engagea sur la voie conduisant aux magasins; deux roues du tender déraillèrent et l'on s'occupa à le relever.

Pendant ce temps, six waggons détachés du train furent lancés à l'aide d'une machine qui les poussait par derrière. Ils devaient, par suite de la manœuvre de l'aiguille, prendre la voie 17; mais cette aiguille ne fut pas ouverte, et les waggons, qui marchaient avec rapidité, s'engagèrent sur la voie 16 et heurtèrent la machine et le tender qui s'y trouvaient arrêtés.

Le nommé *Lemonde*, employé au dépôt, se trouvait entre le tender et la machine occupé à éclairer, avec une lanterne, le mécanicien, qui relevait son tender pour le replacer sur les rails.

Le malheureux Lemonde eut le bras droit pris et broyé. Transporté à l'hospice Dubois, *il expira* dans les premiers jours de février.

Les investigations auxquelles la justice se livra firent ressortir plusieurs infractions aux règlements dans la gare des marchandises.

Le tribunal correctionnel de la Seine, présidé par *M. Pasquier*, rendit, le 11 mars 1853, un jugement qui condamna *Devillers*, employé, à un mois de prison, et *Dehainault*, sous-chef d'équipe, à huit jours, et les condamna solidairement à payer à la veuve Lemonde, partie civile, la somme de onze mille francs à titre de dommages-intérêts, fixa à deux années la durée de la contrainte par corps.

La compagnie du Nord fut déclarée civilement responsable de l'imprudence de ses deux préposés.

ACCIDENT SUR LE CHEMIN DE FER DE LYON

(11 novembre 1852.)

Le 11 novembre 1852, un train spécial fut ordonné pour le transport à Fontainebleau d'un bataillon de chasseurs pour le service nécessité par le voyage et la résidence en cette ville du président de la République. Il a été constaté par une instruction et reconnu par le sieur *Dennery*, faisant fonctions de sous-chef de mouvement, qu'il ne donna pas avis par le télégraphe du départ de ce convoi. Peu d'instants avant le départ, une dépêche électrique était transmise à Melun pour ordonner de mettre un waggon-écurie à la suite du train de Melun, venant de Montereau. En exécution de cet ordre, le chef de gare fit faire la manœuvre nécessaire. Ce waggon stationnait sur la voie depuis environ dix minutes, lorsque le train spécial portant le bataillon d'infanterie, parti vers sept heures du matin, arrivait, *sans être signalé*, à la gare de Melun, où, *bien heureusement*, il avait ralenti sa marche pour la remise d'un pli destiné au chef de gare! Mais à peine la gare franchie, la vapeur donnant de nouveau, le train avait repris rapidement son impulsion première, lorsqu'à deux cents mètres environ de cette gare, le mécanicien aperçoit le waggon-écurie en travers sur sa voie, et qu'il touche presque immédiatement, malgré la promptitude et l'énergie remarquable qu'il mit à serrer les freins et à répandre la vapeur. Un choc violent eut lieu. *Par un bonheur suprême*, ce choc n'eut d'autres conséquences, outre les dommages matériels, que quelques·contusions peu graves pour le mécanicien et son chauffeur.

Mais un contre-coup, *qui pouvait être plus funeste*, devait en résulter : le waggon-écurie laissé sur la voie fut, par le coup de tampon, poussé sur la voie de Montereau, et cela précisément au moment même où arrivait le train attendu de ce côté, et auquel ce malencontreux waggon-écurie devait être attaché. Nouveau choc alors et conséquences à peu près pareilles : un chauffeur est lancé à dix pas sur le sable, et il lui a fallu trois mois de traitement pour reprendre son service; quelques voyageurs sont contusionnés, mais sans blessures graves, et, peu de jours après, l'administration régla généreusement avec eux les indemnités auxquelles ils pouvaient prétendre; enfin deux ou trois autres employés en furent quittes pour un temps d'hôpital d'ailleurs peu prolongé.

On disait à l'audience que cet événement avait coûté à l'administration environ cent quarante mille francs.

Nulle action judiciaire n'avait donc été dirigée contre elle par des parties civiles; mais le ministère public, gardien vigilant et inflexible des grands intérêts de la société, avait fait verbaliser sur le fait et instruire sur la recherche des causes qui l'avaient produit. De cette instruction, qui fut dirigée avec un soin et une intelligence remarquables par **M.** le juge d'instruction *Lejouteux*, il était résulté, aux yeux du ministère public, la preuve que cet accident devait être attribué au chef du mouvement *Dennery* et au mécanicien *Peschell*.

Traduits pour ces faits devant le tribunal correctionnel de Melun, présidence de **M. Curé**, ils furent, par application des articles 319 et 320 du Code . pénal et de la loi de 1846, condamnés à cent francs d'amende.

ACCIDENT SUR LE CHEMIN DE FER DE POITIERS
A BORDEAUX

(18 septembre 1853.)

Le Courrier de la Vienne (Poitiers) donnait les détails suivants sur le déplorable accident arrivé au chemin de fer de Poitiers à Bordeaux :

« Hier dimanche 18 septembre, à quatre heures un quart du matin, quelques personnes habitant le bourg Saint-Benoit, à trois kilomètres de Poitiers, furent réveillées par les sifflements aigus et le fracas de locomotives qui se heurtaient, et auxquels se mêlaient les cris déchirants des voyageurs. On se précipita vers le chemin de fer, et on acquit la triste certitude que le train des malles-poste, parti samedi de Paris à sept heures quinze minutes du soir, et marchant à toute vapeur, venait de rencontrer, au détour d'une double courbe de la ligne, à Saint-Benoit, un train de marchandises venant de Bordeaux et qui était remorqué par deux locomotives. Aussitôt on sonne le tocsin à l'église : **M.** le curé de Saint-Benoît, **M.** Alain et son neveu, **M.** Baudoux, s'y rendent suivis de la plus grande partie des habitants du bourg. Un spectacle affreux s'offre à leurs regards malgré l'obscurité, aux premières lueurs du crépuscule.

« Le choc a été terrible et composé de deux secousses pour le train des malles-poste, comme nous l'a expliqué un voyageur sorti sain et sauf du dernier waggon avec quelques contusions seulement. On présume que les mécaniciens des deux trains ont fait des efforts subits, impuissants pour arrêter les machines, et que c'est à leur présence d'esprit et à leur courage qu'on doit de n'avoir pas à déplorer un malheur encore plus affreux. Les deux locomotives du train de marchandises ont été renversées en travers de la voie hors des rails, et la locomotive du train-express est entrée sous les deux premiers waggons du train des marchandises, lesquels sont restés sur cette machine et formaient avec elle comme un monticule sur lequel se sont butés les truks et les voitures des deux convois.

« Une scène difficile à décrire se passait en ce moment : le choc a été si rude que presque tous les waggons du train-express ont été brisés et jetés pêle-mêle des deux côtés de la voie.

« Une voiture de première classe est tombée en roulant jusqu'au bas du remblai, qui a une hauteur de sept à huit mètres environ, et est restée sens dessus dessous. Les voyageurs étaient précipités sur le chemin, hors des voitures, qui s'entr'ouvraient et se brisaient, et quelques waggons même ont été réduits en petits éclats, comme si on les eût broyés. La violence du coup avait produit une stupeur générale qui, jointe aux cris déchirants qui se faisaient entendre, occasionna un instant de consternation où il y eut d'affreuses angoisses. Peu à peu, les voyageurs non blessés reprirent leurs sens et s'empressèrent de porter secours à ceux qui étaient engagés sous les débris.

« C'est à ce moment qu'arrivent les habitants de Saint-Benoît. On s'empresse de relever les blessés, on les place sur des matelas et sur des brancards faits avec les débris des waggons. Deux médecins qui étaient au nombre des voyageurs donnent leurs soins aux plus malades. Bientôt les secours viennent de toutes parts; trois compagnies du 23ᵉ léger, un détachement de dragons, des locomotives et des waggons envoyés de la gare arrivent sur le lieu de l'accident. On déblaie la voie, *on retire les cadavres*, on transporte les blessés chez M. Allain, chez M. Lagrange, à *la Boule-d'Or* et à la gare de Poitiers. Un grand nombre de voyageurs sont revenus à pied et en omnibus à la ville, et on a dû en saigner plusieurs, tant leur émotion avait été violente.

« M. le préfet, M. le maire de Poitiers, M. le procureur impérial, M. Chopy, faisant fonctions de juge d'instruction près le tribunal de première instance en l'absence du titulaire, M. le commissaire central de police avec ses agents, des officiers de la garnison se rendent sur les lieux en toute hâte. C'est alors que l'on peut constater que les victimes sont au nombre de cinq, savoir : *Gervais*, conducteur-chef ; *Petit*, chauffeur ; *Desnosses*, de Poitiers, conducteur ; *Babout* jeune, chauffeur, et *Charrois*, mécanicien.

« Nous croyons devoir publier également le nom des personnes qui ont été blessées plus ou moins grièvement, pour tranquilliser les familles qui pourraient avoir des craintes pour quelques-uns de leurs membres :

« *M. Robineau*, de Paris, blessé à la tête, *M. Rodrigue*, agent de change à Paris, blessé au visage ; *M. Rodrigue* fils, blessé au bras ; *la femme de chambre* de madame Rodrigue, blessée grièvement ; *mademoiselle Rodrigue*, contusionnée ; *M. Laguia-Sampso*, député aux cortès, blessé à la tête et à la jambe ; M. Pierre *Babault*, chauffeur, jambe cassée ; *M. Petit*, graisseur, le frontal enfoncé ; *M. Moreau*, mécanicien, bras cassé, contusions à la tête; *M. Roberts Edwaram,* Écossais, blessé à la tête; *don Pedro d'Elgado,* député aux cortès, blessé à la tête; *dona d'Elgado,* blessée à la tête.

« Les chirurgiens de l'Hôtel-Dieu ont reçu deux blessés : les sieurs *Mortier,* employé de chemin de fer, atteint d'une fracture compliquée de l'articulation du pied droit, avec luxation; *Buot,* mécanicien, atteint de fractures multipliées des côtes, des os du bassin, avec écrasement de l'extrémité inférieure de la jambe, et destruction de tout le pied. L'état de cet homme est extrêmement grave.

« Cinq ou six autres voyageurs ont été blessés légèrement. Les deux chauffeurs étaient sous les locomotives renversées, et on n'a pu retirer les cadavres mutilés qu'à quatre heures et demie du soir.

« L'inspecteur *M. de Sazenay,* qui se trouvait comme ces malheureux sur une locomotive, a eu le bonheur d'être jeté au loin et d'en être quitte pour quelques contusions.

« *M. Magne,* ministre des travaux publics, qui se rend dans le Midi et se dirige actuellement sur Marseille, était dans le train des malles. Son Excellence n'a pas été blessée et a pu, quelques heures après, continuer son voyage en chaise de poste.

« Au milieu du tumulte, une jeune mère se lamentait et demandait à grands cris son enfant, âgé de douze à quinze mois. On l'a trouvé sain et sauf derrière quelques décombres.

« Une autre mère cherchait, comme une folle, son fils, qu'elle demandait à tout le monde. On l'a retrouvé chez M. le curé de Saint-Benoît.

« On nous assure que l'accident a fait une telle impression sur l'esprit d'une dame, qu'en voyant tout le tumulte, elle se mit à rire aux éclats. Sa raison s'était égarée.

« La gravité de cet accident a nécessité hier la réunion de la cour impériale de Poitiers. Elle a évoqué l'affaire et a rendu un arrêt par lequel elle nomme M. le président de chambre *Lavaur* pour procéder à l'instruction.

« Nous savons que quatre mandats d'amener ont déjà été décernés contre des agents de la compagnie du chemin de fer, que les dépêches expédiées sur la ligne ont été saisies et *que la justice fera son devoir.*

« En présence d'un tel malheur et des conséquences ultérieures qu'il peut avoir, nous n'ajouterons aucune réflexion. Nous dirons seulement que nous ne doutons pas que MM. les administrateurs de la compagnie ne prennent les mesures indispensables pour éviter le renouvellement de semblables sinistres.

« Parmi ces mesures, nous plaçons en première ligne la pose de la seconde voie. »

Le Journal des Débats expliquait ainsi la cause de ce cruel événement :

« Il est à noter d'abord que le chemin de fer de Bordeaux n'a encore qu'une seule voie en état de service, mais qu'à chaque station il y a une seconde voie, dite d'évitement, pour le cas de croisement de deux convois. Le chef de station avait été prévenu par une dépêche électrique de l'administration qu'un convoi de marchandises venant d'être expédié de Bordeaux, ce chef aurait à faire arrêter le convoi de Paris sur la voie d'évitement jusqu'à ce que le convoi d'évitement fût passé. Il paraît que le malheureux chef de station, *par un oubli inconcevable,* laissa filer le convoi de Paris sans exécuter la consigne, et fut ainsi la cause de la funeste rencontre des deux trains qui se sont choqués dans l'obscurité avec toute la violence de leur impulsion. »

Le Moniteur du Loiret donnait aussi quelques détails :

« En entendant les sifflements aigus et répétés du train de marchandises, le chef du train des malles, qui se trouvait dans la première voiture des bagages, se précipita vers la porte du waggon et mit sa tête avec inquiétude au dehors pour voir ce qui se passait. Au même instant, un choc épouvantable avait lieu, et ce malheureux chef de train, dont la tête était ainsi penchée en dehors, fut *décapité comme avec un instrument tranchant!* Son corps resta dans le waggon et sa tête roula sur la voie, où elle fut recueillie!

« Trois personnes se trouvaient sur la locomotive du train des malles : le mécanicien, le chauffeur et un inspecteur, M. de Sazenay, qui avait cru devoir accompagner le convoi, en raison de la présence du ministre des travaux publics. M. de Sazenay, entendant tout d'un coup avec effroi les coups de sifflet de la locomotive du train de marchandises, quitta la plate-forme de la machine et se précipita en toute hâte sur le marchepied pour mieux voir devant lui. *C'est au hasard providentiel* de ce changement de position qu'il dut la vie! Étant placé sur le marchepied, le choc le lança à trente pieds en dehors de la voie, d'où il se releva avec des contusions sans gravité. Quant au chauffeur, il fut broyé à côté du mécanicien, dangereusement blessé, mais qu'on a encore l'espoir de sauver.

« Du côté du train des marchandises, le chef de train a été si horriblement mis en morceaux, qu'il a fallu recueillir tous les lambeaux de son corps dans une caisse. Le mécanicien et le chauffeur ont été également tués sur le coup.

« Le waggon-salon dans lequel *M. Magne* se

trouvait avec son secrétaire fut détaché des voitures auxquelles il était retenu et roula sans accident au dehors du remblai. »

En résumé, cette immense catastrophe avait coûté la vie à six personnes employées à l'exploitation du chemin de fer, et le nombre des voyageurs plus ou moins grièvement blessés s'était élevé à une trentaine.

C'est à l'occasion de ces faits que *MM. de Saze-nay*, inspecteur à Poitiers ; *de Crèvecœur*, inspecteur à Angoulême ; *Landré*, chef de nuit à la gare de Ruffec, et *Leroy*, facteur-chef à Vivonne, ont comparu, au mois de novembre 1853, devant le tribunal de police correctionnelle de Poitiers, sous la prévention d'homicide par imprudence et d'inobservation des règlements.

A la suite de longs débats, qui durèrent plusieurs jours, les prévenus furent condamnés, savoir : M. de Sazenay à deux années d'emprisonnement et quinze cents francs d'amende, M. de Crèvecœur à une année de la même peine et à mille francs d'amende, M. Landré une année d'emprisonnement et à trois cents francs d'amende, M. Leroy à six mois de prison et à trois cents francs d'amende.

Appel fut interjeté par les quatre prévenus.

Le ministère public, de son côté, interjeta appel *à minimá.*

COUR IMPÉRIALE DE POITIERS

(Chambre correctionnelle.)

Audiences des 14, 15 et 21 janvier 1854.

PRÉSIDENCE DE M. DE SÈZE, *premier président.*

Le fauteuil du ministère public était occupé par M. l'avocat général *Salneuve.*

Au barreau étaient assis Mes *Bouchard, Bourbeau, Lepetit, Duplaisset* et *Grellaud,* avocats, défenseurs des prévenus et de la compagnie, citée comme civilement responsable.

La cour, après un délibéré qui dura près d'une semaine, rendit, le 21 janvier 1854, un arrêt ainsi conçu :

« En ce qui concerne de Crèvecœur, Landré et Leroy :

« Attendu que la prévention n'est pas établie quant à eux,.

« Les renvoie des fins de la plainte ;

« En ce qui touche M. de Sazenay :

« Attendu qu'ayant reçu trois dépêches qui lu annonçaient l'arrivée du train 102 à quatre heures cinquante minutes du matin, il a commis une imprudence inqualifiable, seule et véritable cause de l'accident, en lançant le train 9-11, et l'exposant ainsi à une rencontre inévitable ;

« En ce qui touche l'application de la peine et la responsabilité de la compagnie :

« Adoptant les motifs des premiers juges,

« La cour, sans s'arrêter à l'appel du ministère public, dit qu'il a été bien jugé, » etc.

Hélas ! la fatalité s'attache donc à un chemin de fer, et faut-il répéter *qu'un malheur n'arrive jamais sans un autre !*

Pendant le cours de l'instruction du procès ci-dessus, un nouveau malheur arrivait, en effet, sur le chemin de fer d'Orléans.

ACCIDENT SUR LE CHEMIN DE FER D'ORLÉANS

(19-20 octobre 1853.)

Vers huit heures du soir, un train de voyageurs venant de Bordeaux avait rejoint, à Beaugency, un train de marchandises. Le mécanicien du train de voyageurs fut tué, le chauffeur mourut des suites de ses blessures, un conducteur fut blessé ; les voyageurs ne reçurent que des contusions sans aucune gravité et purent continuer leur voyage.

Voici quelques détails fournis par le *Journal du Loiret :*

« *Un accident qui aurait pu avoir des suites encore plus funestes*, et qui a causé la mort à deux personnes, est arrivé sur la ligne d'Orléans, près de la station de Beaugency.

« Les trains de voyageurs de Nantes et de Bordeaux se dirigeant sur Paris sont combinés de telle sorte qu'ils puissent se rejoindre à Tours et se réunir en un seul. Mais il arrive souvent, à cause de *l'irrégularité du service* sur la section de Poitiers, que le train de Bordeaux éprouve du retard. Dans ce cas, le train de Nantes, né pouvant attendre indéfiniment, part seul, et le train de Bordeaux devient alors un train spécial, en dehors des heures déterminées. Il en résulte nécessairement une complication dans le service.

« C'est ce qui a encore eu lieu hier. Le train de Bordeaux était en retard de deux ou trois heures lorsqu'il est arrivé à Tours, et il a dû former un train spécial à la suite du convoi *express*.

« Ce train, se composant de sept waggons, était parti de Tours à cinq heures cinquante minutes.

« Vers sept heures et demie, il arrivait devant la gare de Beaugency. Les signaux d'arrêt avaient été faits; mais il parait que la bourrasque épouvantable qui a soufflé pendant toute la nuit n'a pas permis au mécanicien de les apercevoir, et le train est venu à toute vitesse heurter un train de marchandises qui se disposait à quitter la gare de Beaugency.

« Le choc a été épouvantable; la locomotive est montée sur les derniers waggons du convoi de mar-chandises; le tender s'est dressé sur la locomotive, et l'on comprend le désordre effroyable qui en est résulté.

« Le mécanicien a été tué sur le coup; tous les membres de ce malheureux étaient brisés ; son ca-davre était horriblement défiguré.

« Le chauffeur a eu les deux cuisses cassées, les jambes et une main dénudées par l'eau bouillante. Il est mort à deux heures du matin dans d'atroces souffrances.

« Le conducteur, chef de train, a reçu à l'aine une blessure des plus graves. Il est en ce moment alité dans une auberge de Beaugency.

« Quant aux voyageurs, quinze environ ont été blessés ou contusionnés, mais légèrement.

« Il faisait nuit; la locomotive, dans un écart, avait brisé les fils du télégraphe électrique, et l'on ne pouvait donner des nouvelles ni à Orléans ni à Blois..... Le désordre était à son comble. La loco-motive, en brisant les waggons, avait jonché la voie de toute sorte de débris : blé, marchandises, caisses, bagages; on a craint un instant que tous ces objets ne fussent incendiés par le foyer de la machine, mais on est parvenu à conjurer le feu en jetant du sable sur la voie.

« Les deux victimes de cet épouvantable accident étaient mariées et pères de famille. Le mécanicien, nommé *Thirion*, était âgé de vingt-cinq ans; il laisse deux enfants et une femme enceinte. Le chauffeur, nommé *Legris*, laisse aussi plusieurs enfants. »

Une information judiciaire fut entamée sur-le-champ.

Le tribunal correctionnel d'Orléans avait renvoyé *M. Mezirard*, chef de dépôt à Tours, de la poursuite exercée contre lui, et condamné en six mois d'emprisonnement et trois cents francs d'amende *MM. Coustis de la Rivière*, chef de gare à Tours; *Rouy*, sous-chef de gare à Tours; *Rolland d'Argy*, chef de gare à Blois, et *Faure*, chef de gare à Beaugency. *M. Didion*, au nom et comme directeur général de la compagnie, fut déclaré civilement responsable des condamnations pécuniaires prononcées contre ses agents.

Sur l'appel interjeté par tous ces prévenus, la cour impériale d'Orléans (chambre correctionnelle) dans son audience du 27 février 1854, présidée par *M. Porcher*, rendit un arrêt qui constate, comme l'avait fait d'ailleurs le jugement de première instance, que le fatal accident du 19 octobre, à Beaugency, avait été causé par l'imprudence du mécanicien Thirion, lequel en avait été la première victime. Puis, visant soigneusement tous les faits prétendus d'imprudence qui avaient motivé de la part des premiers juges la condamnation des quatre chefs ou sous-chefs des gares de Tours, de Blois et de Beaugency, la cour déclare que ces faits ne constituent pas l'imprudence ou la négligence telle qu'elle est définie et prévue par l'article 19 de la loi du 15 juillet 1845;

Par tous ces motifs, la cour infirme la décision des premiers juges et renvoie les prévenus des fins de la prévention.

ACCIDENT SUR LE CHEMIN DE FER DE BORDEAUX

(9 juin 1854.)

Il est d'usage, à l'arrivée à Paris, de faire arrêter les trains pour contrôler les billets des voyageurs. Cette opération est confiée à un contrôleur principal qui, pour aller plus vite et seconder l'impatience des voyageurs, a le droit de se faire aider et se fait habituellement aider par divers employés de l'administration, qu'il désigne à cet effet.

Le 9 juin, à l'arrivée du train de Bordeaux, à quatre heures trente-sept minutes du matin, le contrôle des billets avait été fait par plusieurs employés, entre autres par le conducteur garde-frein *Bousique* et par le sous-facteur *Marcou*, tous deux chargés de ce service depuis sept à huit mois. Le contrôle terminé, le train repartit pour se rendre à la gare, dont il n'était distant que de cinquante à soixante mètres, et avec une lenteur qui permettait de suivre à pied le train, ce qui s'explique par le peu d'espace qu'il avait à parcourir et qui ne lui permettait pas de reprendre une marche rapide. Cependant à peine le train avait-il repris sa course, que de grands cris, partis d'un waggon de première classe, retentirent; on accourt, et on relève un enfant de quatre ans et demi tombé de ce waggon sur les rails ; sa cuisse gauche, son pied droit et son bras gauche étaient écrasés; on le transporte dans le cabinet du médecin de la compagnie, mais tous les secours étaient inutiles ; deux heures après, il expirait.

Cet enfant était un Anglais, jeune orphelin du nom d'*Alexander Scott*, et qui voyageait sous la protection d'une famille anglaise, dont le chef est *M. Thomas Crawfuird*. Ce dernier, qui a fait transporter le corps de l'enfant à Arles, a déclaré, au moment de l'accident, que, ne voyant pas qui il pouvait en accuser, il ne se porterait pas partie civile.

Paul Bousique, conducteur garde-frein, et *Jean Marcou*, sous-facteur, comparurent tous deux devant le tribunal de police correctionnelle de Paris (8e chambre), présidé par *M. Proudhomme*, sous la prévention d'homicide par imprudence. *M. Didion*, directeur général de la compagnie, était cité comme civilement responsable.

Le tribunal (audience du 26 juillet 1854) rendit un jugement qui renvoyait Bousique de la poursuite, le délit à son égard n'étant pas établi.

« A l'égard de Marcou :

« Attendu qu'il a déclaré lui-même n'avoir pas fermé le loquet à bascule, loquet jugé nécessaire par l'administration elle-même pour la sûreté des voyageurs ; qu'il déclarait également n'être pas certain d'avoir fermé la serrure en repoussant violemment la portière de la main, etc., etc. ;

« Par ces motifs, lui faisant application de l'article 19 de la loi du 15 juillet 1845, en même temps de l'article 463 du Code pénal, l'a condamné à dix jours de prison et cinq cents francs d'amende, et aux dépens; a condamné l'administration comme solidairement responsable des peines pécuniaires prononcées. »

ACCIDENT SUR LE CHEMIN DE FER DE SCEAUX

(3 août 1854.)

Une information judiciaire fut commencée le 4 août 1854, par M. le juge d'instruction *Camusat-Busserolles*, sur les causes d'un terrible accident arrivé la veille au chemin de fer de Sceaux.

L'ingénieur de la compagnie, *M. Arnaudeau*, appelé par quelques travaux pressés à Orsay, était monté sur la locomotive *le Florian*, n° 2, conduite par le mécanicien Pichon, et l'avait fait partir de la gare de Paris avant l'arrivée du premier train venant de Sceaux, pensant arriver avec ce train à la station de Bourg-la-Reine, où il se serait placé sur la gare d'évitement. Malheureusement, les choses ne se passèrent pas comme il l'espérait.

Avant d'arriver à Bourg-la-Reine, au lieu dit la Tranchée-Royale, sur le territoire de Bagneux, à cent mètres environ du point où le chemin de fer passe sous la route d'Orléans, dans une courbe très-prononcée, *le Florian* rencontra soudainement la locomotive *la Croix-de-Berny*, n° 6, traînant le convoi de voyageurs de Sceaux à Paris avec la vitesse ordinaire. Le choc fut terrible; les deux machines furent fortement endommagées : un waggon de troisième classe, portant de trente à quarante voyageurs, fut brisé, et un certain nombre de voyageurs renfermés dans ce waggon reçurent des blessures plus ou moins graves.

Dans les autres waggons, quelques voyageurs furent aussi blessés, mais moins grièvement. D'autres voyageurs en furent quittes pour une violente secousse.

Six employés du chemin de fer, qui se trouvaient sur les machines ou dans le waggon à bagages, furent également plus ou moins grièvement blessés.

« On annonçait (disait la *Gazette des Tribunaux* du 5 août 1854) que M. Arnaudeau, l'ingénieur qui avait fait partir la locomotive *le Florian*, avait été mis en état d'arrestation. »

Après une instruction minutieuse, M. Arnaudeau fut traduit devant le tribunal correctionnel de Paris (7ᵉ chambre), présidé par *M. Pasquier*.

Le 29 août 1854, après avoir entendu *Mᵉ Tanc*, avocat de M. Arnaudeau; *Mᵉ Paillet*, avocat de la compagnie, citée comme civilement responsable, et *M. Hello*, avocat impérial, qui soutint énergiquement la prévention, en demandant contre le prévenu l'application du *maximum* de la peine, le tribunal rendit le jugement suivant :

« Attendu que le 3 août, sur le chemin de fer de Sceaux, à peu de distance de la station de Bourg-la-Reine, etc.....

« Que dix voyageurs et quatre employés du chemin de fer ont été plus ou moins grièvement blessés; que Pascal et Rucher *ont même succombé à leurs blessures;*

« Que la guérison de quelques-unes des victimes pourra se faire longtemps attendre, et demeurer toujours incomplète chez plusieurs;

« Attendu qu'il résulte de l'instruction et des débats que·cet accident doit être imputé uniquement à la légèreté, à l'imprévoyance et à l'imprudence d'*Arnaudeau,* ainsi qu'à son inobservation des règlements;

« Qu'en effet il n'avait annoncé par aucun ordre, soit écrit, soit même verbal, le départ de la locomotive *le Florian,* qui s'est rencontrée avec le convoi, encore bien qu'en sa qualité de chef de l'exploitation par intérim, il ait réglé lui-même le service et signé tous les ordres destinés aux employés sur l'étendue de la ligne;

« Qu'il s'est obstiné à partir de la gare de Paris à sept heures une minute, sans tenir compte des observations du chef de gare et des mécaniciens, au mépris des dispositions réglementaires qui n'autorisent le départ des trains exceptionnels que dans les quinze minutes qui suivent le départ des trains ordinaires, alors qu'aucun devoir urgent ne le pressait et qu'il lui suffisait d'attendre vingt minutes l'arrivée d'un train qui aurait laissé la voie parfaitement libre ;

« Que, dans ces circonstances, il s'est rendu coupable du délit prévu et puni par l'article 19 de la loi du 15 juillet 1845 ;

« Attendu qu'il a contrevenu aussi à l'article 40 du règlement général du 15 novembre 1846, en n'ayant pas fait entretenir dans les gares et stations soumises à sa surveillance des machines de secours constamment en feu et toujours prêtes à partir, laquelle contravention est punie par l'article 21 de la loi précitée du 15 juillet 1845 ;

« Vu lesdits articles, condamne Arnaudeau à deux ans de prison et trois mille francs d'amende ; le condamne, en outre, aux dépens ;

« Et attendu que la compagnie du chemin de fer de Sceaux est civilement responsable des fautes d'Arnaudeau, son préposé, condamne ladite compagnie, représentée par *Arnoux*, solidairement avec Arnaudeau, aux dépens qui viennent d'être prononcés contre lui ;

« Fixe à deux ans la durée de la contrainte par corps, s'il y a lieu de l'exercer. »

ACCIDENT SUR LE CHEMIN DE FER DE PARIS A BORDEAUX

(*A Chalais.*)

(17 novembre 1853.)

La ligne d'Angoulême à Bordeaux n'ayant encore qu'une voie, les gares intermédiaires avaient plusieurs rangées de rails pour permettre aux trains de se garer, et pour effectuer les manœuvres nécessaires au service. A l'entrée de la gare de Chalais était placée une aiguille qui, mise en jeu, permettait aux trains de se garer suivant les convenances. Un train de marchandises venait d'entrer en gare et occupait la voie principale, vingt minutes après arrivait le train de voyageurs de Bordeaux, parti à onze heures du soir. L'aiguilleur n'étant pas à son poste, ce train ne put pas modifier sa direction, et il alla se heurter contre le convoi des marchandises qui était en gare. Heureusement le mécanicien avait ralenti le mouvement le plus possible, et un choc encore assez violent vint surprendre les voyageurs dans les attitudes les plus variées du sommeil. Plusieurs blessures, beaucoup de contusions furent la conséquence de l'accident.

M. Petit, huissier à Angoulême, qui se trouvait

dans le convoi et qui figurait parmi les blessés, se porta partie civile dans le procès correctionnel soumis au tribunal de Barbézieux, lequel rendit, le 1ᵉʳ mars 1854, un jugement qui condamna *Jean Mercier*, aiguilleur, au *minimum* de la peine édictée par la loi du 15 juillet 1845, c'est-à-dire à quinze jours de prison et cinquante francs d'amende, et aux dépens; *M. Didion* déclaré civilement responsable.

ACCIDENT SUR LE CHEMIN DE FER D'ORLÉANS

(19 octobre 1854.)

Le train-express de Bordeaux, qui arrive à Paris vers dix heures du soir, avait, par une cause encore inconnue au moment de l'événement, heurté près de Choisy un train de marchandises qui le précédait. Le choc n'avait brisé ni versé aucune voiture. Trois ou quatre voyageurs reçurent des contusions sans gravité; mais, malheureusement, la machine du train express ayant été renversée sur le talus, le mécanicien fut tué et le chauffeur eut la jambe cassée.

Saisi de l'affaire, le tribunal correctionnel de Paris (6ᵉ chambre), présidé par *M. Martel*, a rendu, le 11 décembre 1854, un jugement qui a condamné

Prat, chef d'équipe, conducteur du train de marchandises, à deux ans de prison et trois cents francs d'amende ; *Delavaysse*, contrôleur du mouvement, à deux ans de prison et trois cents francs d'amende, et à payer, solidairement avec l'administration, aux parties civiles, à titre de dommages-intérêts, savoir : à la demoiselle Mouchaux, mille francs ; à la demoiselle Fournier, mille francs ; à la demoiselle Thayer, quinze cents francs ; à M. Thiac, mille francs.

—

ACCIDENT SUR LE CHEMIN DE FER DE METZ A FORBACH

(COURCELLES)

(21 avril 1855.)

Une rencontre avait eu lieu, sur la voie unique de Metz à Forbach, entre deux trains qui s'étaient croisés. *Cet accident causa la mort à cinq personnes et des blessures graves à dix autres.*

Le tribunal correctionnel de Metz (présidence de *M. Malherbe*) rendit, le 6 juin 1855, un jugement qui condamna *Collin*, aiguilleur, à un an de prison et 300 francs d'amende ; *Bernardeau*, chef de train, à six semaines de prison ; *Laroche*, mécanicien, à quinze jours de prison ; *Mathieu*, chef de la gare de Peltre, à six mois de prison et 300 francs d'amende ; *Marchal*, facteur de la gare de Courcelles, à dix jours de prison ; *Guipon*, chef de la même gare, à un mois de prison.

ACCIDENT SUR LE CHEMIN DE FER DE L'OUEST

(9 septembre 1855.)

Un convoi de dix-sept waggons, contenant huit cents voyageurs, venait de Versailles à Paris. Sur le parcours, la marche du convoi avait été retardée par l'affluence des voyageurs. A la station de Clamart, tous les waggons étaient au complet. Un grand nombre de voyageurs à qui il avait été délivré des billets voulaient partir ; on les plaça dans le fourgon à bagages, destiné à amortir le choc en cas d'accident ; ces voyageurs étaient au nombre de vingt-cinq à trente.

Vers sept heures du soir, ce convoi rencontra un train de marchandises, et un choc épouvantable eut lieu. Les deux locomotives se choquèrent, le fourgon à bagages se dressa debout ; le premier waggon et le premier compartiment du second furent broyés et recouverts par le waggon à bagages : *neuf per-*

sonnes furent tuées sur le coup, six autres furent grièvement blessées. Un plus grand nombre reçurent des contusions plus ou moins gravès.

C'est par suite de ces faits que François-Pierre *Tirel*, aiguilleur, Pierre-Charles *Clément*, chef de gare à Vaugirard, et Claude-Aristide *Arnoux*, chef de gare à Clamart, comparurent devant le tribunal correctionnel de Paris (6ᵉ chambre), présidé par *M. Martel.*

Après de longs débats, le réquisitoire de *M. Marie*, avocat impérial, les plaidoiries de *Mᵉˢ Paillard de Villeneuve* et *Duverdy* pour les prévenus, le tribunal rendit, le 20 décembre 1855, un jugement qui condamna *Tirel* et *Clément* chacun à cinq années d'emprisonnement et 500 francs d'amende, et *Arnoux* à deux mois de prison et 50 francs d'amende; et condamna l'administration du chemin de fer, comme civilement responsable, solidairement aux dépens (1).

____

(1) Sur l'appel interjeté par Tirel, la cour impériale de Paris a rendu, le 6 février 1856, un arrêt confirmatif.

AUTRE ACCIDENT SUR LE CHEMIN DE FER DE L'OUEST

(15 octobre 1855.)

Le tribunal correctionnel de Paris condamna, par jugement du 22 décembre 1855, le sieur *Mathieu*, chauffeur, pour avoir occasionné des blessures à quatre voyageurs, à six mois de prison, 50 francs d'amende, et aux dépens avec la compagnie (1).

ACCIDENT SUR LE CHEMIN DE FER DE LYON

(21 octobre 1855.)

Le train express, parti de Lyon, le **21** octobre 1855, à 7 heures, était arrivé sur un train de bestiaux qui le précédait; le choc fut terrible. Les trois derniers waggons du train de bestiaux, dont un, l'avant dernier, contenait des conducteurs au nombre de vingt-six, furent brisés; *seize personnes furent tuées, trois autres blessées grièvement, et trois autres contusionnées!*

(1) Sur un double appel de Mathieu et du ministère public *à minima*, la cour impériale de Paris a confirmé le jugement par arrêt du 2 février 1856.

Les voyageurs du train express, *garantis par les fourgons de bagages*, n'éprouvèrent qu'un choc violent; deux employés de l'administration des postes seulement furent contusionnés.

Après une instruction minutieuse, le sieur **Godefroy**, sous-chef de la gare de Montereau, et le sieur **Fèvre**, conducteur de train, furent renvoyés en police correctionnelle, sous la prévention d'homicide et de blessures par imprudence.

Le tribunal correctionnel de Fontainebleau (présidence de *M. Vignon*), après des débats fort vifs, où l'on entendit M. *Gerbé de Thoré*, procureur impérial, *Mes Nogent Saint-Laurens* et *Victor Lefranc*, avocats des prévenus, a rendu, le 26 novembre 1825, un jugement qui renvoie Godefroy de la poursuite, et condamne Fèvre à deux ans de prison, 500 francs d'amende, et solidairement avec lui, *M. Chapron*, directeur de la compagnie, comme civilement responsable, aux dépens.

ACCIDENT SUR LE CHEMIN DE FER DE LYON A LA MÉDITERRANÉE

(7 octobre 1855.)

Un train de voyageurs de banlieue, se dirigeant vers Marseille, était arrêté à la station des Aygalades, lorsqu'un convoi de marchandises, en retard depuis plusieurs heures, vint se heurter contre lui. Personne ne périt, mais une trentaine de voyageurs furent plus ou moins grièvement blessés ou contusionnés, plusieurs avec fractures et luxations.

Les sieurs *Bonfils*, sous-chef de gare à Marseille; *Lemoine*, chef de train de banlieue; *Grégoire*, chef de station aux Aygalades; *Houllieux*, chef de station à Séou-Saint-André; et *Gaume*, chef de station de l'Estaque, comparurent devant le tribunal correctionnel de Marseille, qui, sous la présidence de *M. Parrot*, et après avoir entendu le ministère public et les avocats Mes *Lepeytre, Segond* et *Gaduel* pour les prévenus, et Me *Aycard* pour M. *Talabot*, directeur de la compagnie, rendit, le 13 décembre 1855, un jugement qui condamna Bonfils à deux mois d'emprisonnement et 200 francs d'amende; *Grégoire* à un mois d'emprisonnement et 100 francs d'amende; *Lemoine*,

Houllieux et *Gaume*, chacun à huit jours de prison et 50 francs d'amende ;

Les condamna, en outre, à des dommages-intérêts envers les parties civiles, solidairement avec le sieur Talabot, représentant la compagnie, et aux dépens.

ACCIDENT SUR LE CHEMIN DE FER DE LYON A LA MÉDITERRANÉE

(24 octobre 1855.)

Le 24 octobre 1855, un train de marchandises, remorqué par deux machines et parti d'Arles, se trouvait dans le souterrain de la Nerthe, où sa marche lente et embarrassée le retenait depuis plus de deux heures, lorsqu'un train de voyageurs, qui suivait la même voie, vint se heurter à lui. Le choc fut si violent que le waggon-frein des marchandises, sur lequel étaient le chef du train et deux marchands de bestiaux, vola en éclat, et que les waggons du train de voyageurs, poussés par une force d'ascension irrésistible, furent soulevés à une hauteur considérable et retombèrent ensuite avec fracas. Dans cette épouvantable collision, plusieurs personnes furent grièvement blessées.

Les sieurs *Allemand*, sous-chef de gare à Arles, *Lahoudès*, chef de station au Pas-des-Lanciers, et *Deyglun*, chef du train des marchandises, venaient rendre compte de l'accident au tribunal correctionnel de Marseille, présidé par *M. Parrot*, et qui, le 17 décembre 1855, condamna Allemand à quinze jours de prison et 50 francs d'amende; Lahoudès à un mois de prison et 50 francs d'amende; Deyglun à huit jours de prison et 50 francs d'amende, plus à des dommages-intérêts et aux dépens, solidairement avec la compagnie, civilement responsable.

(*M. Martinet*, avocat impérial, Mes *Clariond*, *Gaduel*, *Faure* et *Aycard*, avocats des parties.)

Le sieur Allemand, seul, interjeta appel devant la cour d'Aix, laquelle, sur la plaidoirie de Me *Thourel*, avocat, rendit, le 23 janvier 1856, un arrêt qui infirma le jugement à l'égard de l'appelant, et le relaxa de la poursuite.

ACCIDENT SUR LE CHEMIN DE FER DU MIDI

(28 avril 1857.)

Une rencontre de deux trains eut lieu un peu au delà de la station de Villeneuve, après Béziers. Une cinquantaine de personnes furent plus ou moins blessées à la suite de ce déplorable choc. Cette collision était due à l'imprudence d'un employé.

Le sieur *Canet*, mécanicien, renvoyé devant le tribunal correctionnel de Béziers, présidé par *M. Fabre*, fut condamné, par jugement du 9 octobre 1857, à six mois de prison et 50 francs d'amende. Les parties civiles obtinrent 22,000 francs de dommages-intérêts, tant contre lui que la compagnie du Midi.

ACCIDENT SUR LE CHEMIN DE FER DE SAINT-GERMAIN (VÉSINET)

(6 septembre 1858.)

Un grave accident arriva, dans la soirée du 6 septembre 1858, sur le chemin de fer atmosphérique de Saint-Germain.

Depuis deux jours, une affluence considérable de curieux s'était portée à Saint-Germain, à l'occasion de la fête des Loges. L'administration avait augmenté le nombre de ses trains et était parvenue à transporter, sans accident, des milliers de curieux.

A dix heures du soir, un train rempli de voyageurs pour Paris et les stations intermédiaires quittait la gare de Saint-Germain. Après avoir été mis en mouvement sur le chemin de fer atmosphérique, il avait été conduit jusqu'à la rampe de la terrasse, où, obéissant à la pente et à la force de sa pesanteur, il devait acquérir une force suffisante pour traverser le pont et l'autre partie plane qui se trouvent entre la rampe et la station du Vésinet. La locomotive stationnait à l'extrémité du chemin atmosphérique pendant le parcours de ce chemin. Il paraît que cette fois la vitesse acquise aurait été extrême, ou qu'il y avait eu rupture dans les freins ; ce qu'il y avait de certain, c'est que les garde-freins s'étaient trouvés dans l'impossibilité d'arrêter assez à temps le train, qui était allé heurter violemment la locomotive et son tender au delà du point d'arrêt.

Par suite du choc, un waggon fut brisé ; l'un des garde-freins, le sieur Lacotte, fut renversé *et tué raide!* Deux voyageurs, un homme et une femme *furent tués aussi!* Un grand nombre furent blessés plus ou moins grièvement.

L'instruction établit qu'il y avait eu *trois morts* et *trente-cinq blessés* !

Les débats de cette triste affaire s'ouvrirent, le 1er octobre 1858, devant le tribunal correctionnel de Versailles, sous la présidence de *M. Dubois.*

Cinq prévenus comparurent devant la justice :

1° *Rouzeau*, chef de gare au Vésinet; 2° *Duhautoire*, facteur chef, et employé du télégraphe; 3° *Arnoult*, poseur au chemin de l'Ouest; 4° *Quenelle*, sous-facteur; 5° *Berger*, pistonnier.

Après trois jours d'audiences, où l'on entendit Mes *Duverdy* et *Victor Lefranc*, avocats des prévenus, et le ministère public, le tribunal rendit, le 4 octobre 1858, un jugement qui constatait que l'accident était dû à trois causes : 1° l'excès de vitesse; 2° la non-fermeture de la voie; 3° la non-transmission au chef de gare du Vésinet de la dépêche télégraphique qui annonçait le départ. (Suivent des motifs très-développés.)

Déterminé par ces motifs, le jugement déclare acquitté le sieur Arnould; condamne Rouzeau à six mois d'emprisonnement et à 300 francs d'amende; Duhautoire à cinq mois d'emprisonnement et à 300 francs d'amende; Quenelle à trois mois, et Berger à deux mois d'emprisonnement, les condamne solidairement auxdites amendes et aux dépens; fixe contre chacun d'eux la durée de la contrainte par corps à une année; déclare la compagnie responsable des faits de ces quatre employés, et condamne *Lapeyrière*, ès qualité, solidairement aux dépens.

ACCIDENT SUR LE CHEMIN DE FER DU HAVRE

(30 avril 1859.)

Le **30** avril, vers deux heures après midi, à cinq cents mètres au delà de Pavilly, un train de ballast, ayant pour conducteur Duval, rencontra un autre train qui venait en sens contraire, sous la conduite de Cornier. Le choc fut des plus violents ; l'une des machines fut complétement détruite, et plusieurs waggons brisés. Le nommé Lelièvre, mécanicien du train Cornier, *fut tué !* Les conducteurs Cornier et Duval, l'autre mécanicien, les chauffeurs et les garde-freins furent gravement blessés.

Par suite d'une instruction judiciaire, le conducteur *Cornier* et *M. de Coëne*, ingénieur, furent traduits devant le tribunal correctionnel de Rouen.

A l'audience du 25 juillet, le tribunal, présidé par *M. Laignel-Lavastine*, sur le réquisitoire de M. le procureur impérial, les plaidoiries de *Mes Deschamps* et *Parfait-Quesney*, avocats des prévenus, condamna *Cornier* à deux mois de prison et 300 francs d'amende ; *de Coëne* fut acquitté.

M. le procureur impérial interjeta appel de ce jugement en ce qui concernait M. de Coëne.

ACCIDENT SUR LE CHEMIN DE FER DE LYON

(2 août 1859.)

Cet accident, qui eut de graves conséquences, arriva à la gare de Darcey (Côte-d'Or). Deux trains chargés de troupes, revenant d'Italie, et marchant dans le même sens, se heurtèrent.

Un officier payeur et une cantinière *furent tués sur le coup!* On ramena à l'hôpital de Dijon *vingt-neuf blessés*, dont quatre officiers blessés grièvement, un sous-chef de musique, deux musiciens, vingt et un soldats, une cantinière, tous appartenant au 49e de ligne.

Une information judiciaire suivit cette catastrophe.

ACCIDENT SUR LE CHEMIN DE FER DU NORD

(17 août 1859.)

Un des trains de plaisir qui reconduisaient à Bruxelles les voyageurs venus aux fêtes du 15 août, à Paris, s'arrêta quelques instants à la station de Somain, et y fut rejoint par le second train spécial

qui le suivait. Une collision eut lieu : une quinzaine
de personnes furent seulement contusionnées, car il
faut faire remarquer que la secousse eût été terrible
et eût pu amener des accidents bien plus déplorables sans le sang-froid du chef de service à la gare :
celui-ci, voyant toujours avancer, malgré les signaux, le second train, donna l'ordre au mécanicien
du premier train, qui avait mis pied à terre, de remonter et de mettre son convoi en marche. Cette
manœuvre fut exécutée aussi rapidement que possible, de sorte qu'au moment où il fut tamponné, le
premier train avançait déjà, de manière que le choc
fut beaucoup moins sensible. Néanmoins, le tribunal
correctionnel de Douai condamna, par jugement du
17 septembre 1859, *Bureau*, mécanicien, à deux
mois de prison et 50 francs d'amende; *Bosseaux*,
conducteur de trains, à quinze jours de prison et
50 francs d'amende; *Haeck*, garde de convoi, à
50 francs d'amende. *Blay*, chef de station à Somain, fut acquitté. (*M⁰ Émile Flamant* défendait
les prévenus.)

ACCIDENT SUR LE CHEMIN DE FER DE L'EST

(ASSASSINAT DU MÉDECIN RUSSE HEPPI)

(12 septembre 1860.)

Un événement tragique et mystérieux était arrivé sur le chemin de fer de Paris à Mulhouse. Dans le train partant de Belfort à huit heures quinze minutes se trouvait, en première classe, un étranger reconnu depuis pour être le docteur Heppi, sujet russe, dont le corps, disparu de l'intérieur du compartiment qu'il occupait, fut retrouvé sur la voie entre Zillisheim et Illfurth. Relevé sans connaissance, il ne put articuler que quelques paroles incohérentes en russe et en anglais.

On crut d'abord à un suicide, mais bientôt l'assassinat du président Poinsot sur le même chemin de fer, dans les mêmes circonstances, fit peser l'accusation de ces deux crimes sur un même individu, nommé *Jud*, lequel jusqu'ici a su échapper aux recherches de la justice. L'indice le plus convaincant que le docteur Heppi avait été victime d'un horrible attentat, c'est qu'une sacoche de voyage qu'il portait sur lui fut dérobée pendant son sommeil.

ACCIDENT SUR LE CHEMIN DE FER DE L'EST

(ASSASSINAT DU PRÉSIDENT POINSOT)

(6 décembre 1860.)

M. Poinsot, président de chambre à la cour impériale de Paris, était parti de Troyes dans la nuit du **6** décembre 1860, par le *train express*. **A** l'arrivée **de** ce train dans l'embarcadère du chemin de l'Est, **on** trouva le cadavre du président Poinsot horriblement mutilé.

Les détails de ce crime abominable firent rechercher le nommé *Jud*, qu'on avait déjà soupçonné être l'auteur du même attentat commis sur le médecin russe le 12 septembre précédent, et qui, arrêté pour ce premier crime, était parvenu à s'évader.

Jud fut condamné *par contumace*, suivant arrêt de la cour d'assises de la Seine du 15 octobre 1861, à la peine de mort.

A l'occasion de ce *nouvel accident* sur un chemin de fer, **M.** le ministre *Rouher* adressa une circulaire fort sage aux ingénieurs des chemins de fer, mais, hélas! depuis le 22 décembre 1860, LA QUESTION EST ENCORE A L'ÉTUDE.

ACCIDENT SUR LE CHEMIN DE FER DE L'OUEST

(28 septembre 1860.)

Antoine **Dessapt**, conducteur garde-frein au chemin de l'Ouest, fut condamné, le 29 novembre 1860, par le tribunal correctionnel du Mans, à six mois de prison *pour outrage à la pudeur dans un waggon où se trouvait une jeune fille seule*, et pour avoir abandonné son poste.

ACCIDENT SUR LE CHEMIN DE FER DE L'EST

(8 octobre 1860.)

Un autre accident était arrivé dans le souterrain de Rilly-la-Montagne, sur l'embranchement de Reims à Épernay : par suite d'une collision entre deux convois, vingt personnes furent blessées. Ces faits amenèrent, le 5 janvier 1861, devant le tribunal correctionnel de Reims (**M. Robillard,** président) : 1° **M. Vuigner,** ingénieur en chef; 2° **M. Poirié,** chef de train. Le premier fut condamné en un mois d'emprisonnement et 1,000 fr. d'amende, le second en un mois d'emprisonnement

et 200 francs d'amende, plus aux dommages-intérêts envers les parties civiles, solidairement avec la
compagnie responsable.

ACCIDENT SUR LE CHEMIN DE FER DU NORD

(CATASTROPHE DE LA GARE DE FRESNOY-LE-GRAND)

(27 décembre 1860.)

Dans la nuit du 26 au 27 décembre 1860, un
train de marchandises vint inopinément heurter un
train de voyageurs, et ce choc occasionna *la mort
à cinq personnes et de nombreuses blessures aux
voyageurs !*

Le tribunal correctionnel de Saint-Quentin, présidé par *M. Chauvenet*, condamna le sieur *Dufour*,
mécanicien, à 100 francs d'amende et aux dépens,
en outre, le jugement accorda des dommages-intérêts aux parties civiles, la compagnie déclarée civilement responsable de son employé.

AUTRE ACCIDENT SUR LE CHEMIN DE FER DU NORD

(26 septembre 1861.)

Par suite d'une même rencontre de deux trains au point où le chemin de Soissons s'embranche sur la ligne du Nord, quatre waggons furent broyés, *six voyageurs furent tués!* Plusieurs autres furent blessés.

Le tribunal correctionnel de Paris (6ᵉ chambre), présidé par **M. Salmon**, prononça, le 26 novembre 1861, un jugement qui condamnait les sieurs *Grosjean*, mécanicien, à trois mois de prison, *Collard* et *Mourgue*, aiguilleurs, chacun à un an de prison et 300 francs d'amende, et la compagnie solidairement avec eux aux dépens. (Plaidants, Mᵉˢ *Lachaud* et *Buffon*.)

AUTRE ACCIDENT SUR LE CHEMIN DE FER DU NORD

(27 octobre 1861.)

Encore une rencontre de deux trains sur la même voie qui coûta la vie à un malheureux homme

d'équipe remplaçant, *par complaisance*, un mécanicien.

Le tribunal correctionnel de Saint-Quentin, présidé par *M. de Chauvenet*, dans son audience du
21 novembre 1861, a condamné :

Véry, mécanicien, défaillant, à 30 francs d'a-
mende ;

Hy, aiguilleur, à six mois de prison ;

Flamann, surveillant, à 100 francs d'amende ;

Duparc, chauffeur, à vingt jours de prison ;

La compagnie du Nord, comme civilement responsable.

ACCIDENT SUR LE CHEMIN DE FER DE LYON

CATASTROPHE DE LA FOUILLOUSE

(24 août 1861.)

Le *train express* venant de Saint-Étienne heurta,
à la gare de la Fouillouse, un train omnibus se dirigeant sur l'embranchement d'Andrezieux. Ce choc
eut des conséquences terribles pour les voyageurs
du train omnibus. *Quatre furent tués*, neuf blessés
grièvement.

Le tribunal correctionnel de Saint-Étienne condamna :

1° *Saint-Martin*, sous-chef de gare, à quinze mois de prison, 1,000 fr. d'amende ;

2° *Tailland*, chef de gare, un an de prison, 500 fr. d'amende ;

3° *Barbet*, chef de train, six mois de prison, 500 fr. d'ameude ;

4° *Mitaine*, chauffeur, trois mois de prison, 200 fr. d'amende ;

5° *Fabre*, mécanicien, six mois de prison, 500 fr. d'amende.

Sur l'appel, la cour impériale de Lyon (chambre correctionnelle), par un arrêt du 16 décembre 1864, confirma ce jugement, sauf à l'égard de Tailland, qui fut acquitté.

M. Talabot, directeur, fut déclaré civilement responsable.

ACCIDENT SUR LE CHEMIN DE FER DE LYON

CATASTROPHE DE FRANOIS

(23 décembre 1866) (1).

Le 23 décembre 1866, vers six heures du soir, le train omnibus 212 a rencontré un train de marchandises auprès de la gare de Franois, sur la ligne de Dijon à Besançon. Le choc fut terrible ; les deux machines qui s'étaient dressées l'une contre l'autre formaient une pyramide. Le mécanicien du train n° 512 eut les deux jambes broyées, son chauffeur était suspendu au faîte des machines, et ses pieds se trouvaient dans un brasier ; on désespérait de le sauver. Le mécanicien et le chauffeur du train n° 212 en avaient été quittes pour des contusions assez graves ; mais les trois waggons de troisième classe qui suivaient la machine avaient été hachés ; on en avait retiré *douze cadavres et quinze blessés dans l'état le plus grave.* L'un des blessés succomba en route. (*Il y eut dix-sept morts.*)

Tricot, sous-chef de gare de Franois, fut immé-

(1) Voir le journal *le Droit* des 24, 25, 26, 27 et 28 décembre 1866 ; la *Gazette des tribunaux* des 9 et 10 janvier 1867, et les excellents articles de M. Lomon (la *France* du 16 janvier 1867) et de M. Charles Flammarion (le *Siècle* du 5 février 1867) sur ce déplorable événement. Voir, en outre, une curieuse dissertation de M. G. de Montloël (le *Jockey* du 15 février 1867).

diatement arrêté, car c'est lui qui, en laissant partir le train de voyageurs de la station de Franois, et ne pouvant ignorer qu'un train de marchandises arrivait, en suivant la même voie dans un sens opposé, avait causé cet épouvantable malheur.

Les débats s'ouvrirent le 5 janvier 1867 devant le tribunal correctionnel de Besançon, présidé par *M. Rain*.

M. le procureur impérial *Guichard* soutint la prévention, et il parvint à démontrer que la responsabilité devait incomber à Tricot seul, qui, par une négligence impardonnable, avait causé un horrible malheur, et que ce prévenu avait aggravé sa position en présentant comme réelles des dépêches supposées. « Dans un intérêt de sécurité publique, disait **M.** le procureur impérial, il faut que le tribunal épuise toute sa sévérité sur la tête du prévenu. »

Aussi, malgré la défense présentée par *Me Oudet*, Tricot a été condamné à cinq années d'emprisonnement, 2,000 fr. d'amende et aux dépens.

Le même jugement a déclaré la compagnie de Paris à Lyon civilement responsable.

CONCLUSION

Nous n'avons pu, on le voit bien, rapporter dans ce recueil que les décisions judiciaires se rattachant aux événements les plus graves, les plus saillants, aux procès qui importaient le plus à l'ordre public, au repos des familles, à leur dédommagement de pertes cruelles.

S'il nous avait fallu citer tous les accidents particuliers où périrent de si nombreux employés, où ils reçurent des blessures et essuyèrent des mutilations, dans cet exercice si dangereux de leurs pénibles fonctions, des volumes ne nous eussent pas suffi.

Cependant nous espérons qu'un enseignement salutaire sortira de tout ce qui précède.

Dans l'origine de nos *railways*, on a pu attribuer tant d'épouvantables catastrophes à d'autres causes que celles de l'inexpérience, de la négligence, de l'imprudence de ceux qui exploitaient les chemins de fer.

On semblait alors vouloir *sacrifier* aux tâtonne-ments de la science, aux essais d'un système nou-veau de locomotion, aux mécomptes sensibles qu'on rencontre habituellement dans ces temps d'épreuves. Plus tard, on voit se ralentir les accidents, et plus le réseau se développe dans notre pays, moins on a relativement sans doute à déplorer le renouvellement fréquent de ces scènes terribles.

Pourquoi faut-il qu'une catastrophe récente soit venue donner un démenti à cette pensée triomphante des compagnies concessionnaires? Le public avait oublié presque le passé.

Pourtant je ne puis finir ce livre sans épancher mon cœur. Il m'a été donné d'approcher les con-seils d'administration des chemins de fer, et je ne puis que rendre hommage *à la capacité, à l'hono-rabilité, à la probité* de tant d'hommes haut placés, la plupart l'élite de la finance, et au sein desquels siégent même d'anciens ministres, d'anciens mem-bres de nos chambres législatives.

Leurs intentions sont excellentes, et j'ai été le témoin non suspect de la douleur qu'éprouvait un comité en apprenant un nouveau malheur sur une ligne de son réseau.

Malheureusement, il y a un revers à la médaille : *c'est cette tendance funeste à ménager les suscep-tibilités des employés.* Exemple : toutes les propositions qu'on a faites aux administrateurs pour obvier à l'inconvénient grave de n'avoir pas de signaux pour arrêter les trains, en cas de danger imminent, ont échoué devant cette considération *puérile,* qu'on ferait parfois arrêter le train sans raison plausible.

Comme si un propriétaire pouvait empêcher les locataires de sa maison de rentrer à certaine heure, le jour ou la nuit, sous le prétexte *que cela dérangerait M. le concierge !* car l'argument est de cette force.

Encore quelques efforts, messieurs les administrateurs, et en épargnant la vie des citoyens, qui vous est confiée, vous épargnerez à vos actionnaires de lourdes pertes d'argent : les dommages-intérêts que les tribunaux vous ménagent peu ou prou.

FIN.

TABLE DES MATIÈRES

PREMIÈRE PARTIE.

TROISIÈME PARTIE.

JURISPRUDENCE.

Accidents et décisions les plus remarquables.

FIN DE LA TABLE.

Paris. — Imprimerie L. Poupart-Davyl, rue du Bac, 30.